KB174198

항공 일본어

航空日本語會話

회화

はじめに

　일본은 16세기 말부터 네덜란드와의 교류를 통하여 다양한 서양문물을 받아들임으로써 그들의 문화는 빠른 속도로 개화되어 갔고, 기계나 철강 등의 과학기술이 그 원천이 되어 경제국가로서 자리를 잡게 되었다. 지진과 화산, 그리고 쓰나미와 태풍이라는 자연재해 속에서도 오뚝이처럼 일어나는 그들의 경제력과 위기대처능력의 정신은 진정 놀랍다.

　매스컴이나 일본여행을 통해 일본의 문화질서 등을 접해보면 충분히 느낄 수 있는 것처럼, 우리도 일본을 알고 일본의 좋은 것은 배워서 후세에 물려줘야 할 것이다. 그러기 위해선 일본이라는 나라를 알기 위해 일본말을 우선적으로 배워야 할 것이다.

　일본어는 전 세계에서 언어 사용자 수로 볼 때 9위를 차지한다. 사실 일본어 하나만으로는 국제사회에서 경쟁력이 될 수 없는 현실이지만, 외국어는 무형의 지적 재산이다. 결코 손실되지 않는 재산이므로 꾸준히 학습해서 각자의 지적 재산을 불려나가는데 힘쓰도록 하자.

　필자는 업무를 위해 거주를 위해 여행을 위해 전 세계의 관광지나 호텔 등을 다녔다. 어디를 가든지 현지인들은 필자에게 일본어로 말을 걸어왔다. 그만큼 일본어는 지구촌 곳곳에서 매우 많이 사용되고 있다는 것이다. 일본어가 전 세계에 이미 오랫동안 뿌리 깊게 내림과 동시에 자연스럽게 항공업계나 서비스업계에서도 필수 외국어가 되었다.

　항공회사의 업무 중에서도 주를 이루는 업무는 예약, 탑승, 객실인 세 가지 업무인데, 본 교재인《항공 일본어 회화》는 주로 객실 업무에 초점을 두어서 실제 상황을 토대로 최대한 쉽게 필자의 경험을 바탕으로 설정했다.

　본 교재의 각과는 기본회화와 기내회화인 두 개의 회화문과, 그에 따른 문법 설명과 연습문제로 엮었으며, 한자를 배우지 않은 세대들인 여러분들을 위하여 한자쓰기 코너를 각과마다 10개씩 마련해 놓았으며, 제한된 시간에 보다 유익한 수업을 지향하고자 각과마다 본문인 회화문쓰기 코너도 마련했다.

　<부록>에서는, 반드시 알아야 할 필수 기내방송문 ANN 6개와,
　각 SERVICE PROCEDURE에서 발생될 수 있는 회화문 33개를 모아서 "SERVICE CONVERSATION 33"이라는 제목으로 수록해 놓았다.

　또한 마지막 부분에서는 다양한 어휘와 한자 습득을 위하여 '단어와 한자' 코너도 첨부했다.

　본 교재《항공 일본어 회화》가 학생 여러분 모두가 일본어를 정복하기 위하여 많은 도움이 되기를 바란다.

2022년 2월
저자 전수미

1 /> 항공일본어회화

目 次

제**1**과 일본과 일본어 · 7

제**2**과 일본어 문자의 종류 · 21

제**3**과 はじめまして。 · 33

제**4**과 これは 何_{なん}ですか。 · 45

제**5**과 あなたの 誕生日_{たんじょうび}は いつですか。 · · · · · · · · · · · · 57

제**6**과 いくらでしたか。 · 69

제**7**과 味_{あじ}は いかがでしたか。 · · · · · · · · · · · · · · · · · · 83

제**8**과 映画_{えいが}を 見_みに 行_いきませんか。 · · · · · · · · · · · · · 95

제**9**과 朝_{あさ}ごはんを 食_たべましたか。 · · · · · · · · · · · · · 107

제10과　私の 話を よく 聞いて くださいね。 ・・・・・・・・・・・ 119

제11과　この 電話を 使っても いいですか。 ・・・・・・・・・・・ 131

제12과　太るから、食べないの! ・・・・・・・・・・・・・・・・・・ 145

제13과　新宿へ 行った ことが ありますか。 ・・・・・・・・・・・ 157

제14과　日本語で 話す ことも できますか。 ・・・・・・・・・・・ 169

제15과　雨に 降られて、風邪を ひきました。 ・・・・・・・・・・・ 181

附錄　• ANN6 ・・・・・・・・・・・・・・・・・・・・・・・・・・・・・・ 198

• SERVICE CONVERSATION 33 ・・・・・・・・・・・・・ 208

• 基本会話와 機內会話 번역 ・・・・・・・・・・・・・・・・・ 228

• 연습문제 정답 ・・・・・・・・・・・・・・・・・・・・・・・・ 240

• 단어와 한자 ・・・・・・・・・・・・・・・・・・・・・・・・・・ 252

제 **1** 과

일본과
일본어

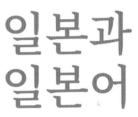

1. 일 본

일본은 동아시아대륙 의 동쪽에 위치한 섬나라이다.

홋카이도(北海道)·혼슈(本州)·시코쿠(四国)·규슈(九州)의 4개의 큰 섬과 많은 작은 섬으로 이루어져 있다.

지도를 통해 보면 남북으로 길게 활모양을 하고 있어서 그다지 크다는 느낌을 받지는 못하지만, 면적은 한반도의 1.7배이고, 대한민국의 4배에 달하는 매우 넓은 나라이다.

일본의 인구는 약 1억3천만 명 정도로 세계 10위를 차지한다. 한국과 일본의 시차는 없으며, 한국에서 비행기로 대략 1시간에서 3시간 이내에 일본의 곳곳을 모두 갈 수 있어서 한국과 제일 가까운 거리에 위치하고 있음을 알 수 있다.

화폐는 엔(円,¥)을 사용하며, 100엔은 대략 한화 1,000원 정도이다.

일본의 국가원수는 천황이라는 매우 상징적인 제도를 가지고 있고, 정부수반은 총리가 운영하고 있다.

행정구역은 1都 1道 2府 43縣으로 나눠져 있다.

1都는 수도인 도쿄都(東京都), 1道는 홋카이道(北海道), 2府는 오사카(大阪)府와 교토(京都)府이다. 43縣은 일본전국을 43개의 현(縣)으로 나누어 부르는 것을 말한다.

지도를 참조하기 바란다.

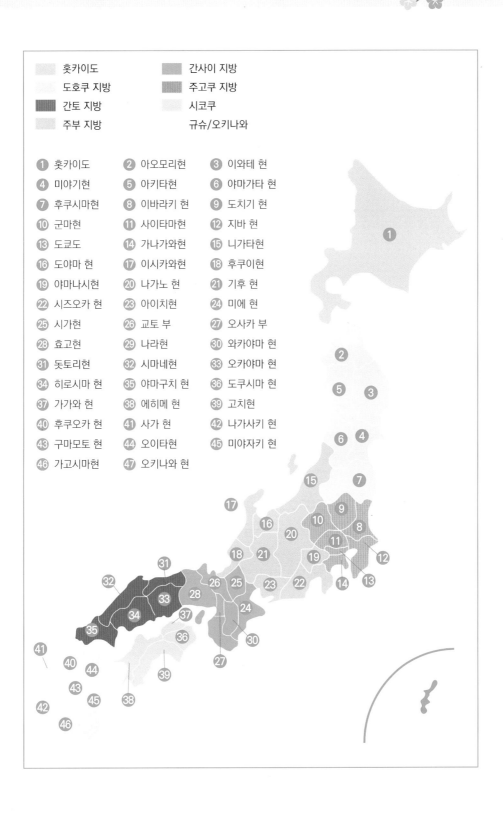

홋카이도	간사이 지방
도호쿠 지방	주고쿠 지방
간토 지방	시코쿠
주부 지방	규슈/오키나와

① 홋카이도 ② 아오모리현 ③ 이와테 현
④ 미야기현 ⑤ 아키타현 ⑥ 야마가타 현
⑦ 후쿠시마현 ⑧ 이바라키 현 ⑨ 도치기 현
⑩ 군마현 ⑪ 사이타마현 ⑫ 지바 현
⑬ 도쿄도 ⑭ 가나가와현 ⑮ 니가타현
⑯ 도야마 현 ⑰ 이시카와현 ⑱ 후쿠이현
⑲ 야마나시현 ⑳ 나가노 현 ㉑ 기후 현
㉒ 시즈오카 현 ㉓ 아이치현 ㉔ 미에 현
㉕ 시가현 ㉖ 교토 부 ㉗ 오사카 부
㉘ 효고현 ㉙ 나라현 ㉚ 와카야마 현
㉛ 돗토리현 ㉜ 시마네현 ㉝ 오카야마 현
㉞ 히로시마 현 ㉟ 야마구치 현 ㊱ 도쿠시마 현
㊲ 가가와 현 ㊳ 에히메 현 ㊴ 고치현
㊵ 후쿠오카 현 ㊶ 사가 현 ㊷ 나가사키 현
㊸ 구마모토 현 ㊹ 오이타현 ㊺ 미야자키 현
㊻ 가고시마현 ㊼ 오키나와 현

🈂 2. 일 본 어

일본어는 히라가나(ひらがな), 가타카나(カタカナ), 한자(漢字)를 주로 사용한다.

① 히라가나(ひらがな)

히라가나는 50음도(五十音圖)라고 부르며, 한자의 초서체로 만들어졌고, 일상생활에서 가장 많이 사용한다.

50개의 각 음절의 발음은, 순서에 따라서 모음인 "a-i-u-e-o"가 그 시작이며, 나머지는 영어자음 "k, s, t, n, h, m, y, r, w"에 모음 "a-i-u-e-o"를 붙여 발음한다. 즉 각 음절의 자음 모음을 합해서 순서대로 발음하면, a-i-u-e-o, ka-ki-ku-ke-ko, sa-shi-su-se-so …등의 순서로 발음이 된다. 반드시 순서대로 익혀야 한다.

あ	か	さ	た	な	は	ま	や	ら	わ	ん
a	ka	sa	ta	na	ha	ma	ya	ra	wa	ng
い	き	し	ち	に	ひ	み		り		
i	ki	shi	chi	ni	hi	mi		ri		
う	く	す	つ	ぬ	ふ	む	ゆ	る		
u	ku	su	tsu	nu	hu	mu	yu	ru		
え	け	せ	て	ね	へ	め		れ		
e	ke	se	te	ne	he	me		re		
お	こ	そ	と	の	ほ	も	よ	ろ	を	
o	ko	so	to	no	ho	mo	yo	ro	wo	

2 가타카나(カタカナ)

가타카나(カタカナ)는 한자의 획의 일부를 떼어 만든 문자이다.

외래어나 강조 말, 전보 등에 주로 사용한다.

히라가나처럼 일상생활에서 자주 쓰이는 문자가 아니므로 외우기 힘든 문자이다. 전 세계에서 면학을 위해 일본을 방문하는 유학생들도 가타카나에 적응하기까지는 수개월 이상의 시간이 소요된다. 따라서 가타카나를 익히기 위해서는 단어를 통하여 습득할 것을 권한다.

가타카나 문자는 한자의 초서체로 만들어진 히라가나 문자보다는 조금 쓰기 수월한 편이다.

히라가나와 글자모양만 다를 뿐 50음도의 순서와 발음은 같다.

ア	カ	サ	タ	ナ	ハ	マ	ヤ	ラ	ワ	ン
a	ka	sa	ta	na	ha	ma	ya	ra	wa	ng

イ	キ	シ	チ	ニ	ヒ	ミ		リ	
i	ki	shi	chi	ni	hi	mi		ri	

ウ	ク	ス	ツ	ヌ	フ	ム	ユ	ル	
u	ku	su	tsu	nu	hu	mu	yu	ru	

エ	ケ	セ	テ	ネ	ヘ	メ		レ	
e	ke	se	te	ne	he	me		re	

オ	コ	ソ	ト	ノ	ホ	モ	ヨ	ロ	ヲ
o	ko	so	to	no	ho	mo	yo	ro	wo

3 한자(漢字)

일본어의 한자는 2010년 일본 정부가 고시한 상용한자 2136 개를 초등학교에서 고등학교까지 배우게 한다.

한국의 정자체와 달리 비교적 획수를 다소 줄여서 만든 한자인 신자체(新字體)라고 하는 한자를 사용하고 있다.
한국과 일본의 한자를 비교하면 다음과 같다.

$$國 \Rightarrow 国, \quad 實 \Rightarrow 実, \quad 讀 \Rightarrow 読$$

4 한국어와 일본어의 장단점

① 장점 : 한국어와 어순(語順)이 같으며, 한국어처럼 조사를 사용한다. 그리고, 한국어와 유사 발음이 많다.

② 단점 : 한자를 읽는 법은 음으로 읽는 음독(音読)과 뜻으로 읽는 훈독(訓読)이 있어 복잡하다.

예를 들면, 위 한자 중 '國'은 한국은 '국'으로 읽지만, 일본어로 '國'은 음독은 'こく'(한국의 '국' 과 유사), 훈독은 'くに'로 읽으며 '나라'를 표현할 때 사용한다. 즉, 하나의 한자에 1개 이상의 읽는 법이 있다. 또한 띄어쓰기가 없어서 신속하게 문장의 의미를 파악하며 읽기가 힘들다.

50음도(五十音圖) 쓰기

1 ひらがな 쓰기

あ	あ	あ	あ	あ			
い	い	い	い	い			
う	う	う	う	う			
え	え	え	え	え			
お	お	お	お	お			
か	か	か	か	か			
き	き	き	き	き			
く	く	く	く	く			
け	け	け	け	け			
こ	こ	こ	こ	こ			
さ	さ	さ	さ	さ			
し	し	し	し	し			
す	す	す	す	す			
せ	せ	せ	せ	せ			
そ	そ	そ	そ	そ			

た	た	た	た	た				
ち	ち	ち	ち	ち				
つ	つ	つ	つ	つ				
て	て	て	て	て				
と	と	と	と	と				
な	な	な	な	な				
に	に	に	に	に				
ぬ	ぬ	ぬ	ぬ	ぬ				
ね	ね	ね	ね	ね				
の	の	の	の	の				
は	は	は	は	は				
ひ	ひ	ひ	ひ	ひ				
ふ	ふ	ふ	ふ	ふ				
へ	へ	へ	へ	へ				
ほ	ほ	ほ	ほ	ほ				

ま	ま	ま	ま	ま			
み	み	み	み	み			
む	む	む	む	む			
め	め	め	め	め			
も	も	も	も	も			
や	や	や	や	や			
ゆ	ゆ	ゆ	ゆ	ゆ			
よ	よ	よ	よ	よ			
ら	ら	ら	ら	ら			
り	り	り	り	り			
る	る	る	る	る			
れ	れ	れ	れ	れ			
ろ	ろ	ろ	ろ	ろ			
わ	わ	わ	わ	わ			
を	を	を	を	を			
ん	ん	ん	ん	ん			

2 カタカナ 쓰기

ア	ア	ア	ア	ア				
イ	イ	イ	イ	イ				
ウ	ウ	ウ	ウ	ウ				
エ	エ	エ	エ	エ				
オ	オ	オ	オ	オ				
カ	カ	カ	カ	カ				
キ	キ	キ	キ	キ				
ク	ク	ク	ク	ク				
ケ	ケ	ケ	ケ	ケ				
コ	コ	コ	コ	コ				

サ	サ	サ	サ	サ				
シ	シ	シ	シ	シ				
ス	ス	ス	ス	ス				
セ	セ	セ	セ	セ				
ソ	ソ	ソ	ソ	ソ				
タ	タ	タ	タ	タ				
チ	チ	チ	チ	チ				
ツ	ツ	ツ	ツ	ツ				
テ	テ	テ	テ	テ				
ト	ト	ト	ト	ト				
ナ	ナ	ナ	ナ	ナ				
ニ	ニ	ニ	ニ	ニ				

ヌ	ヌ	ヌ	ヌ	ヌ				
ネ	ネ	ネ	ネ	ネ				
ノ	ノ	ノ	ノ	ノ				
ハ	ハ	ハ	ハ	ハ				
ヒ	ヒ	ヒ	ヒ	ヒ				
フ	フ	フ	フ	フ				
ヘ	ヘ	ヘ	ヘ	ヘ				
ホ	ホ	ホ	ホ	ホ				
マ	マ	マ	マ	マ				
ミ	ミ	ミ	ミ	ミ				
ム	ム	ム	ム	ム				
メ	メ	メ	メ	メ				

モ	モ	モ	モ	モ			
ヤ	ヤ	ヤ	ヤ	ヤ			
ユ	ユ	ユ	ユ	ユ			
ヨ	ヨ	ヨ	ヨ	ヨ			
ラ	ラ	ラ	ラ	ラ			
リ	リ	リ	リ	リ			
ル	ル	ル	ル	ル			
レ	レ	レ	レ	レ			
ロ	ロ	ロ	ロ	ロ			
ワ	ワ	ワ	ワ	ワ			
ヲ	ヲ	ヲ	ヲ	ヲ			
ン	ン	ン	ン	ン			

Aviation
Japanese Conversation

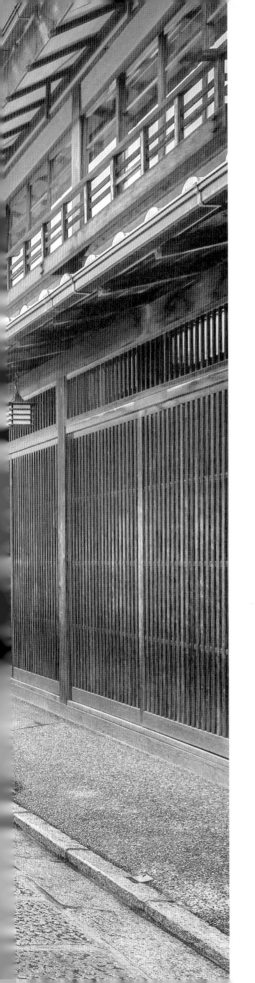

제**2**과

일본어
문자의 종류

1. 청음(清音)

청음이란 탁하지 않은 맑은 음으로 히라가나의 기본음인 50음도의 あ행의 음절부터 わ행까지의 음절을 말한다.

1 あ행 : あ,い,う,え,お.

'う' 발음은 '으'와 '우'의 중간 음으로 발음한다.

→ あい(愛), うえ(上), いう(言う), あおい(青い)

2 か행(k) : か,き,く,け,こ.

초성에서는 'ㄱ'과 'ㅋ'의 중간 음으로 발음한다.
중성에서는 'ㄲ'의 발음에 가깝게 발음한다.

→ かお(顔), こえ(声), かく(書く), えき(駅), けしき(景色)

3 さ행(s) : さ,し,す,せ,そ.

'し'는 'shi'에 가까운 발음이며, 'す'는 '수' 발음이 아닌 '수'와 'ㅅ'의 중간 음으로 발음한다.

→ あさ(朝), さしみ, すし(寿司), せき(席), そら

4 た행(t) : た,ち,つ,て,と.

'た'와 'て'와 'と'의 초성은 'ㄷ'와 'ㅌ'의 중간 음으로 발음하며, 중성부터는 'ㄸ'에 가깝게 발음한다. 'ち'는 '치'와 '찌'의 중간 음으로 발음하며, 'つ'는 '츠'와 '쯔'의 중간 음으로 발음한다. 한국어에는 없는 어려운 발음이다.

→ たかい(高い), うた(歌), ちかてつ(地下鉄), くち(口)

5 な행(n) : な, に, ぬ, ね, の.

'ぬ'는 '누'와 '느'의 중간 음으로 발음한다.

→ なつ(夏), におい, いぬ(犬), ねこ(猫), のる(乗る)

6 は행(h) : は, ひ, ふ, へ, ほ.

한국어는 'h'발음에 약하므로 は행의 발음은 'h'발음에 신경 써서 발음해야 하며,
'ふ'는 'fu'에 가깝게 '후'와 '흐'의 중간 음으로 발음해야 한다.

→ はな(花), ひこうき(飛行機), ふね(船), へや(部屋), ほし(星)

7 ま행(m) : ま, み, む, め, も.

'む'는 '무'와 '므'의 중간 음으로 발음한다.

→ まね, みみ(耳), のむ(飲む), ゆめ(夢), もも

8 や행(y) : や, ゆ, よ.

→ やま(山), ゆき(雪), よる(夜)

9 ら행(w) : ら, り, る, れ, ろ.

'る'는 '루'와 '르'의 중간 음으로 발음한다.

→ さら(皿), えり, ある, これ, いろ(色)

10 わ행(ng) : わ, を, ん.

'わ'는 '와', 'を'는 あ행의 'お'와 같이 '오'로 발음한다.
'を'는 목적격 조사 '을/를'에만 사용된다.
'ん'은 'ㅁ, ㄴ, ㅇ, [N]' 등의 받침역할을 하는 음절이다.

→ わたし(私), ほん(本)をよむ(読む)

2. 탁음(濁音)

   탁음이란, 청음인 か행(k), さ행(s), た행(t), は행(h) 음절 오른쪽 상단에 ' ゛ '(にごり)의 탁점을 붙여서 が행(g), ざ행(z), だ행(d), ば행(b)으로 사용하는 발음이다.

   か행은 が행으로 바뀌어 'がぎぐげご'가 되며 발음은 비음이 섞인 '가,기,구,게,고'로 발음한다.

   さ행은 ざ행으로 바뀌어 'ざじずぜぞ'로 'z'의 발음에 유의하며 발음하도록 한다. 한국인에게는 매우 어려운 발음이다.

   た행은 だ행으로 바뀌어 'だぢづでど'로 표기하며, だ행의 'ぢ, づ'의 발음은 ざ행의 'じ, ず'는 같다.

   は행은 ば행으로 바뀌어 'ばびぶべぼ'로 표기한다. 표로 나타내면 다음과 같다.

	が행	ざ행	だ행	ば행
あ단	が ga	ざ za	だ da	ば ba
い단	ぎ gi	じ zi	ぢ zi	び bi
う단	ぐ gu	ず zu	づ zu	ぶ bu
え단	げ ge	ぜ ze	で de	べ be
お단	ご go	ぞ zo	ど do	ぼ bo

→ がくせい(学生), かぎ, ざる, みず, かぜ, だれ(誰), ばら, ぶた

3. 반탁음(半濁音)

반탁음이란, 청음인 は행 음절 오른쪽 상단에 ' ゜'(まる)를 붙여서 ぱ행음절인 'ぱぴぷぺぽ'가 되며, 발음은 'h'의 발음이 'p'의 발음으로 변한다.

ぱ pa	ぴ pi	ぷ pu	ぺ pe	ぽ po

→ ぱらぱら, ぴかぴか, べっぷ, ぺらぺら, さんぽ(散歩)

🖐 행과 단

(1) '행'이란, 영어 알파벳 자음이 같은 음의 음절을 말한다. 첫음절의 발음을 대표하여 발음한다. 'あいうえお'는 あ행의 음절, 'かきくけこ'는 か행의 음절, 'さしすせそ'는 さ행의 음절, 'たちつてと'는 た행의 음절, 이러한 식으로 나머지도 な행 は행 ま행 や행 ら행 わ행이라고 한다.

(2) '단'이란, 영어 알파벳 모음이 같은 음의 음절을 말한다. 이것도 행처럼 첫음절의 발음을 대표하여 발음한다. あ단 음절은 あかさたなはまやらわ 음절, い단 음절은 いきしちにひみり 음절, う단 음절은 うくすつぬふむゆる 음절, ええけせてねへめれ 음절, 마지막으로 お단 음절은 おこそとのほもよろを 음절을 말한다.

🛩 4. 요음(拗音)

　요음은 'い'단 음절의 오른쪽 하단에 'や,ゆ,よ'를 작게 'ゃ,ゅ,ょ'로 표기하여 두 음절을 한음절로 발음한다. 요음을 만들기 위한 'い'단 음절은 청음 외에 탁음, 반탁음도 속한다.

1️⃣ 청음 : (き,し,ち,に,ひ,み,り)+ゃ,ゅ,ょ

きゃ	しゃ	ちゃ	にゃ	ひゃ	みゃ	りゃ
kya	sya	cha	nya	hya	mya	rya
きゅ	しゅ	ちゅ	にゅ	ひゅ	みゅ	りゅ
kyu	syu	chu	nyu	hyu	myu	ryu
きょ	しょ	ちょ	にょ	ひょ	みょ	りょ
kyo	syo	cho	nyo	hyo	myo	ryo

➡ きょう(今日), かいしゃ(会社), しょるい(書類), おちゃ(お茶), ちゅうい(注意), にゅうこく(入国), ひょう(表), りょこう(旅行)

2️⃣ 탁음과 반탁음 : (ぎ,じ,ぢ,び,ぴ)+ゃ,ゅ,ょ

ぎゃ	じゃ	ぢゃ	びゃ	ぴゃ
gya	ja	ja	bya	pya
ぎゅ	じゅ	ぢゅ	びゅ	ぴゅ
gyu	ju	ju	byu	pyu
ぎょ	じょ	ぢょ	びょ	ぴょ
gyo	jo	jo	byo	pyo

➡ ぎゃく(逆), ぎゅうどん(牛どん), ぎょうざ(餃子), じゅうしょ(住所), かのじょ(彼女), びょういん(病院), はっぴょう(発表)

5. 촉음(促音)

일본어에는 받침역할을 하는 문자가 두 개 있다.

그 하나가 촉음 'っ'이다.

촉음은 'た행'의 'う단' 음절인 'つ'를 작게 'っ'로 표기해서 사용하며, 한 박자로 발음한다.

촉음 'っ'는 받침이기 때문에 단어의 초성에서 사용할 수 없으며 종성에서도 사용할 수 없다. 앞뒤 음절 사이에만 받침 역할을 한다.

か행, さ행, た(だ)행, ぱ행의 음절 앞에만 온다.

이 か행, さ행, た(だ)행, ぱ행의 초성 음절의 자음에 따라서,

촉음 'っ'는 다음과 같이 한국말의 'ㄱ, ㅅ(ㄷ), ㅂ'으로 발음된다.

1 **か행 앞에서는 'ㄱ' 받침이다.**

→ さっか(作家), せっけん, いっかい(一階)

2 **さ행, た행 앞에서는 'ㅅ(ㄷ)' 받침이다.**

→ あっさり, けっせき(欠席), ちょっと, ぜったい(絶対)

3 **ぱ행 앞에서는 'ㅂ' 받침이다.**

→ いっぱい, しゅっぱつ(出発), しっぱい, きっぷ(切符)

6. 발음(撥音)

일본어에서의 받침역할을 하는 문자 2 개 중에서 'っ' 외의 나머지 하나가 바로 발음이라고 불리는 'ん'이다.

발음 'ん'도 뒤의 음절에 따라 ㅁ, ㄴ, ㅇ, [N] 으로 발음이 되어 받침으로 사용된다.

발음 'ん'도 촉음 'っ'처럼 한음절로 발음하는 것에 주의하자.

1 **まばぱ행 앞에서는 'ㅁ'**

さんま, しんぶん(新聞), さんぽ(散歩)

2 **ざただなら행 앞에서는 'ㄴ'**

みんな(皆), もんだい(問題), あんぜん(安全)

3 **かが행 앞에서는 'ㅇ'**

あんこ, りんご, だんご

4 **さ행, は행, 모음, 반모음(や,ゆ,よ)앞, ん으로 끝나는 음절에서는 '[N]' 으로 발음**

ほんや(本屋), でんわ(電話), うどん

7. 장음(長音)

한국어에도 장음과 단음이 있지만, 보통 의식하지 않고 사용한다. 그러나 일본어의 경우에는 장음의 유무에 따라서 뜻이 달라지므로 매우 주의해야 할 발음이다.

앞 음절의 모음과 같은 모음의 음절에 뒤이어 나올 때에는 앞 음절의 모음을 한 박자 더 길게 발음하면 된다.

あ단+あ	おば<u>あ</u>さん	おばさん
い단+い	おじ<u>い</u>さん	おじさん
う단+う	くつ<u>う</u>(苦痛)	くつ(靴)
え단+え(い)	え<u>え</u>	え(絵)
お단+お(う)	と<u>お</u>い(遠い)	とい(問い)

cf. 장음에는 'え단+え' 형태보다도 'え단+い', 'お단+お' 형태보다 'お단+う' 형태의
　　단어가 훨씬 많다. 이 경우에도 앞 음절의 모음과 같은 모음을 한 박자 더 길게
　　발음해야 함을 주의하자.

→ けいざい(経済), へいわ(平和), さとう(砂糖), がっこう(学校)
　　케에자이　　　헤에와　　　사토오　　　각꼬오

8. カタカナ 읽기연습

히라가나에서 살펴 본 일본어 문자의 7가지 종류는 カタカナ에서도 똑같이 적용하여 사용된다.

가타카나는 일반적으로 외래어나 강조 말, 전보 등에 사용하기 때문에 생활 속에서 많이 사용되지 않아서 익히기 어려운 문자이다. 단어를 통해서 익히기 바란다.

단, カタカナ의 장음은 ' - '으로 표기하는 것만 주의한다.

ア	カ	サ	タ	ナ	ハ	マ	ヤ	ラ	ワ	ン
a	ka	sa	ta	na	ha	ma	ya	ra	wa	ng
イ	キ	シ	チ	ニ	ヒ	ミ		リ		
i	ki	shi	chi	ni	hi	mi		ri		
ウ	ク	ス	ツ	ヌ	フ	ム	ユ	ル		
u	ku	su	tsu	nu	hu	mu	yu	ru		
エ	ケ	セ	テ	ネ	ヘ	メ		レ		
e	ke	se	te	ne	he	me		re		
オ	コ	ソ	ト	ノ	ホ	モ	ヨ	ロ	ヲ	
o	ko	so	to	no	ho	mo	yo	ro	wo	

アメリカ	ニューヨーク	ドイツ	バナナ	ケーキ
ミルク	エア	チーズ	クリーム	ココア
ソーセージ	ワイン	プロペラ	ウレタン	ホテル
サーカス	オアシス	ピアノ	ユーモア	メモ
ヌードル	ネクタイ	テニス	ライト	

항공
일본어회화

제 **3** 과

はじめまして。

田中：はじめまして。私は 田中です。

どうぞ よろしく お願いします。

李：はじめまして。私は 李です。

こちらこそ よろしく お願いします。

田中：李さんは 中国人ですか。

李：いいえ、私は 中国人ではありません。
韓国人です。

田中：そうですか。大学生ですか。

李：はい、韓国大学の 一年生です。

はじめまして(처음 뵙겠습니다)　　私(저, 나)　　は(은/는)

どうぞ(아무쪼록, 부디)　　よろしく お願いします(잘 부탁드립니다)

こちらこそ(저야말로)　　中国人(중국인)　　韓国人(한국인)

そうですか(그렇습니까?)　　大学生(대학생)　　韓国大学(한국대학)

の(~의)　　一年生(일학년)

いらっしゃいませ。

C・A：いらっしゃいませ。

搭乗券をおねがいします。

お客さま：どうぞ。私の席はどこですか。

C・A：はい、みぎの方へどうぞ。

C・A(キャビン ・ アテンダント, CABIN ATTENDANT)

いらっしゃいませ(어서 오십시오)　　搭乗券(탑승권)

〜を(을/를)　　　　　　　　　　　どうぞ(들어가세요, 여기요.)

席(좌석)　　　　　　　　　　　　どこ(어디)

みぎの方(오른쪽)　　　　　　　　　〜へ(〜으로)

문법 설명

1. 명사의 활용

현재긍정	~です(~입니다)
현재부정	~ではありません(~가 아닙니다)
과거긍정	~でした(~이었습니다)
과거부정	~ではありませんでした(~가 아니었습니다)
연결형	~で(~이고, ~이며, ~여서, ~이므로)
명사수식형	~の~(명사 + の + 명사)

私は 田中です。
(저는 다나카입니다.)

李さんは 中国人ではありません。
(李さん은 중국인이 아닙니다.)

朴さんは去年まで学生でした。
(朴さん은 작년까지 학생이었습니다.)

田中さんは学生ではありませんでした。
(다나카 씨는 학생이 아니었습니다.)

私は 学生で、日本人です。
(저는 학생이며 일본사람입니다.)

私は日本語の先生です。
(저는 일본어 선생님입니다.)

2. 조사 '〜は'(은/는)

'は'는 '은/는'을 나타내는 조사로 쓰일 때는 'ha'가 아니라 'wa'로 발음한다.

3. 조사 'の'(〜의)

'〜의'의 뜻으로 소유격 조사 또는 명사와 명사 사이에 반드시 사용해야 하는 조사이다.

4. 의문조사 '〜か'

일본어 문장에서는 원래 의문부호 '?'를 사용하지 않지만, 근래에는 소설이나 애니메이션에서 자주 사용되고 있다.

5. 긍정과 부정의 표현

긍정의 대답은 'はい'(네), 부정의 대답은 'いいえ'(아니오).

6. 각 나라 사람과 각 나라의 말

국명 + 人 ➡ 그 나라 사람
  (韓国人, 日本人, 中国人, アメリカ人, フランス人)
국명 + 語 ➡ 그 나라 말
  (韓国語, 日本語, 中国語, 英語, フランス語)

7. 방향대명사

대명사의 한 종류로써 방향이나 사람을 가리키기도 한다.

こちら	そちら	あちら	どちら
이쪽	그쪽	저쪽	어느 쪽

こちらです. (이쪽입니다.)
こちらは 佐藤さんです. (이 분은 사토 씨입니다.)
こちらこそ よろしく お願いします. (저야말로 잘 부탁드립니다.)

8. 조사 '～へ'

　'～へ'는 방향을 나타내는 조사로써 '～으로, ～에'라고 해석을 하는데, 원래의 발음은 'は행'의 'え단' 음절이므로 'he'로 발음하지만, 조사로 쓰일 때만 'e'로 발음해야 하는 것을 주의해야 한다.

日本人(일본사람)

アメリカ人(미국인)

フランス人(프랑스인)

韓国語(한국어)

中国語(중국어)

英語(영어)

フランス語(프랑스어)

한자쓰기

かんこくじん 韓国人	かんこくじん 韓国人	かんこくじん 韓国人
ちゅうごくじん 中国人	ちゅうごくじん 中国人	ちゅうごくじん 中国人
だいがくせい 大学生	だいがくせい 大学生	だいがくせい 大学生
に ほんじん 日本人	に ほんじん 日本人	に ほんじん 日本人
いちねんせい 一年生	いちねんせい 一年生	いちねんせい 一年生
とうじょうけん 搭乗券	とうじょうけん 搭乗券	とうじょうけん 搭乗券
かいしゃいん 会社員	かいしゃいん 会社員	かいしゃいん 会社員
えい ご 英語	えい ご 英語	えい ご 英語
せき 席	せき 席	せき 席
せんせい 先生	せんせい 先生	せんせい 先生

본문쓰기

基本会話

機内会話

연습문제

1 일본어로 자기소개 하시오.(3줄)

_____

_____

_____

2 〈보기〉와 같이 (   )에 제시된 단어에 맞게 답하시오.

> 보기 李さんは 中国人ですか。(いいえ、韓国人)
>
> → いいえ、中国人では ありません。韓国人です。

(1) 大学生ですか。(いいえ、日本語の先生)

→ いいえ、_____

(2) 会社員ですか。(はい、会社員)

→ はい、_____

(3) ワンさんは 韓国人ですか。(いいえ、中国人)

→ いいえ、_____

かいしゃいん
会社員(회사원)   ワン(왕, 중국성씨)

3 다음 ひらがな는 漢字로, 漢字는 ひらがな로 고치시오.

(1) わたし (　　　　　　　　)　　　(2) せんせい (　　　　　　　　)

(3) がくせい (　　　　　　　　)　　　(4) にほんご (　　　　　　　　)

(5) 中国人 (　　　　　　　)　　　(6) 大学生 (　　　　　　　)

(7) 会社員 (　　　　　　　)　　　(8) 搭乗券 (　　　　　　　)

4 일작하시오.

(1) 처음 뵙겠습니다.

(2) 저야말로 잘 부탁드립니다.

(3) 저는 한국 사람입니다.

(4) 다나카 씨(田中さん)는 대학생이 아닙니까?

(5) 박(朴)さん은 영어 선생님입니다.

(6) 손님, 탑승권을 부탁합니다.

(7) 오른쪽으로 들어가 주세요.

えいご
英語(영어)　　　　　　かんじ
　　　　　　　　漢字(한자)　　　　　　がくせい
　　　　　　　　　　　　　　学生(학생)

Aviation
Japanese Conversation

제**4**과

これは 何<ruby>なん</ruby>ですか。

中村：これは 何ですか。

金：それは 日本語の 本です。

中村：あれも 日本語の 本ですか。

金：いいえ、あれは 韓国語の 雑誌です。

中村：全部 金さんの ですか。

金：いいえ、日本語の 本は 私ので、

韓国語の雑誌は 友だちのです。

これ(이것)	何(무엇, 뭐 'なに'라고도 읽음.)	
それ(그것)	日本語(일본어)	本(책)
あれ(저것)	〜も(〜도)	韓国語(한국어)
雑誌(잡지)	全部(전부, 모두 다)	の(것)
で(이고)	友だち(친구)	

毎日 新聞は いかがですか。
（まいにち しんぶん）

お客様： すみません。朝日 新聞 ください。
（あさ ひしんぶん）

C・A： もうしわけございません。

朝日新聞は 全部 出て しまいました。
（ぜんぶ で）

かわりに 毎日 新聞は いかがですか。
（まいにち）

お客様： それじゃ、毎日 新聞 ください。

C・A： はい、どうぞ。

毎日新聞(마이니치신문)　　　　　　　いかがですか(어떠십니까?)
（まいにちしんぶん）

すみません(미안합니다, 여보세요, 실례합니다.)

朝日新聞(아사히신문)　　　　　　　ください(주세요)
（あさ ひ しんぶん）

もうしわけございません(대단히 죄송합니다)

出て しまいました(나갔습니다)　　　かわりに(그 대신에)
（で）

それじゃ(그럼)

문법 설명

1. こ・そ・あ・ど 대명사

	こ	そ	あ	ど
지시	これ 이것	それ 그것	あれ 저것	どれ 어느 것
장소	ここ 여기	そこ 거기	あそこ 저기	どこ 어디
방향	こちら 이쪽	そちら 그쪽	あちら 저쪽	どちら 어느쪽
연체사	この 이	その 그	あの 저	どの 어느
	こんな 이런	そんな 그런	あんな 저런	どんな 어떤
부사	こう 이렇게	そう 그렇게	ああ 저렇게	どう 어떻게

1 연체사

연체사란 바로 뒤에 오는 명사를 수식해 주는 품사를 말한다.

これです。(○)

このです。(×)　　　この 人です。(○)

2 인칭대명사

私(저, 나) ↔ あなた(당신)

　　　だれ(누구),　どなた(어느 분, 'だれ'의 높임말)

2. 조사 '～の'의 용법

1 소유격 조사 '～의'

소유격 조사의 '～의'의 뜻으로 사용하기도 하며, 서로 다른 뜻을 가진 명사와 명사를 연결할 때도 사용한다.

日本語の 本(○)　　　　日本語 本(×)

韓国語の 先生(○)　　　韓国語 先生(×)

2 동격 '인'

私は 韓国語の 先生の 金です。(저는 한국어 선생인 김입니다)

これは 機内誌の ビヨンドです。(이것은 기내잡지인 비욘드입니다.)

3 명사(사물만) 대용으로 '것'

これは 私の 本です。(이것은 제 책입니다.)

→ これは 私のです。(이것은 제 것입니다.)

あの 車は 友だちの 車です。(저 차는 친구의 차입니다.)

→ あの 車は 友だちのです。(저 차는 친구 것입니다.)

3. 명사의 연결형

현재긍정	〜です(〜입니다)
현재부정	〜ではありません(〜가 아닙니다)
과거긍정	〜でした(〜이었습니다)
과거부정	〜ではありませんでした(〜가 아니었습니다)
연결형	〜で(〜이고, 〜이며, 〜여서, 〜이므로)
명사수식형	〜の〜(명사 + の + 명사)

명사 활용형의 다섯 번째인 연결형은, 두 문장을 한 문장으로 연결 시 사용된다. 앞의 문장이 명사로 끝났을 때 '〜で'를 사용하여 앞뒤 두 문장을 연결하는 형태이다.

これは 本です。あれは 雑誌です。

→ これは 本で、あれは 雑誌です。

(이것은 책이고, 저것은 잡지입니다.)

この 本は 私の 本です。あの 本は 友だちの 本です。

→ この 本は わたしので、あの 本は 友だちのです。

(이 책은 제 것이고, 저 책은 친구 것입니다.)

4. 지시대명사와 연체사의 활용

지시대명사(これ、それ、あれ、どれ)와 연체사(この、その、あの、どの)의 활용을 살펴본다.

어느 나라 말이든지 같은 표현을 여러 형태로 구성하여 표현할 수 있다. 예를 들면, '이것은 내 차입니다'를 '이 차는 내 것입니다'라고 표현할 수도 있는 것이다. 이 표현을 일본어의 지시대명사와 연체사를 활용하여 문장을 바꾸어 보도록 한다.

これは 私の 車です。 → この 車は 私のです。
이것은 내 차입니다. → 이 차는 내 것입니다.

それは 友だちの 本です。 → その 本は 友だちのです。
그것은 친구 책입니다. → 그 책은 친구 것입니다.

あれは 田中さんの 雑誌です。 → あの 雑誌は 田中さんのです。
저것은 다나카씨의 잡지입니다. → 저 잡지는 다나카씨 것입니다.

どれが 金さんの 新聞ですか。 → どの 新聞が 金さんのですか。
어느 것이 金さん 신문입니까? → 어느 신문이 金さん 것입니까?

人(사람)　　　　　　　　だれ(누구, 誰)　　　　　　　どなた(어느 분)

機内誌(기내잡지)　　　　ビヨンド(비욘드, 잡지이름)　　車(くるま)(차)

한자쓰기

なに 何	なに 何	なに 何
ほん 本	ほん 本	ほん 本
なかむら 中村	なかむら 中村	なかむら 中村
ざっし 雑誌	ざっし 雑誌	ざっし 雑誌
ぜんぶ 全部	ぜんぶ 全部	ぜんぶ 全部
とも 友だち	とも 友だち	とも 友だち
まいにち 毎日	まいにち 毎日	まいにち 毎日
しんぶん 新聞	しんぶん 新聞	しんぶん 新聞
あさ ひ 朝日	あさ ひ 朝日	あさ ひ 朝日
じ しょ 辞書	じ しょ 辞書	じ しょ 辞書

본문쓰기

基本会話

機内会話

연습문제

1 〈보기〉와 같이 제시된 단어로 답하시오.

> 보기   これは 何ですか。(本) → それは 本です。

(1) それは 何ですか。(新聞)

→ _____

(2) これは 何ですか。(机)

→ _____

(3) あれは 何ですか。(辞書)

→ _____

2 〈보기〉와 같이 문장을 고치시오.

> 보기   これは 私の 雑誌です。 → この 雑誌は 私のです。

(1) これは 中村さんの 本です。

→ _____

(2) それは 山田さんの カメラです。

→ _____

(3) あれは 金さんの パソコンです。

→ _____

③ 다음 문장을 한 문장으로 만들고 나서 일본어로 바꾸시오.

(1) 이 볼펜은 내 것입니다. 저 펜은 선생님 것입니다.

(2) 이 사람은 내 친구입니다. 저 사람도 내 친구입니다.

④ 다음 ひらがな는 漢字<ruby>漢字<rt>かんじ</rt></ruby>로, 漢字는 ひらがな로 고치시오.

(1) 新聞(   )   (2) 雑誌(   )

(3) くるま(   )   (4) せき(   )

⑤ 일작하시오.

(1) 저것은 한국어 책입니다.

(2) 그 잡지도 나카무라 씨(中村さん) 것입니까?

(3) 이 차는 아버지 것이고 저 자전거는 내 것입니다.

(4) 요미우리 신문(読売新聞)은 어떠십니까?

机(책상)   辞書(사전)   カメラ(카메라)

パソコン(PC)   ボールペン(볼펜)   お父さん(아버지)

自転車(자전거)   読売(요미우리)

제**5**과

あなたの <ruby>誕生日<rt>たんじょうび</rt></ruby>は
いつですか。

村山 : 朴さん、あなたの 誕生日は いつですか。

朴 : 7月 19日 です。村山さんは?

村山 : 僕は 9月 10日です。昨日でした。

朴 : あ、本当ですか。

おめでとうございます。

村山 : ありがとうございます。

あなた(당신, 영어의 'you')　　誕生日(생일)

いつ(언제)　　僕(나, 남성용어)

昨日(어제)　　本当(정말, 진짜)

おめでとうございます(축하합니다.)

ありがとうございます(감사합니다.)

お客様の お荷物ですか。

C・A： これ、お客様の お荷物ですか。

お客様： ええ、そうですけど。

C・A： おそれいりますが、

お荷物は 上の たな、

または お座席の 下に お入れください。

荷物(짐)	ええ(예, 'はい' 보다 편한 말)
そうです(그렇습니다)	けど(~ㄴ데)
おそれいります(죄송합니다)	が(~지만)
上(위)	たな(선반)
また(또)	お座席(좌석)
下(아래)	お入れください(넣어 주세요)

문법 설명

1. 숫자

1(いち)	11(じゅういち)	21(にじゅういち)
2(に)	12(じゅうに)	*
3(さん)	13(じゅうさん)	30(さんじゅう)
4(よん、し、よ)	14(じゅうよん、じゅうし)	40(よんじゅう、しじゅう)
5(ご)	15(じゅうご)	50(ごじゅう)
6(ろく)	16(じゅうろく)	60(ろくじゅう)
7(なな、しち)	17(じゅうしち、じゅうなな)	70(ななじゅう、しちじゅう)
8(はち)	18(じゅうはち)	80(はちじゅう)
9(きゅう、く)	19(じゅうきゅう、じゅうく)	90(きゅうじゅう)
10(じゅう)	20(にじゅう)	100(ひゃく)

2. 何月何日ですか。
_{なんがつなんにち}

1月(いちがつ)	2月(にがつ)	3月(さんがつ)
4月(しがつ)	5月(ごがつ)	6月(ろくがつ)
7月(しちがつ)	8月(はちがつ)	9月(くがつ)
10月(じゅうがつ)	11月(じゅういちがつ)	12月(じゅうにがつ)

1日(ついたち)	2日(ふつか)	3日(みっか)
4日(よっか)	5日(いつか)	6日(むいか)
7日(なのか)	8日(ようか)	9日(ここのか)
10日(とおか)	11日(じゅういちにち)	12日(じゅうににち)
13日(じゅうさんにち)	14日(じゅうよっか)	15日(じゅうごにち)
16日(じゅうろくにち)	17日(じゅうしちにち)	18日(じゅうはちにち)
19日(じゅうくにち)	20日(はつか)	21日(にじゅういちにち)
22日(にじゅうににち)	23日(にじゅうさんにち)	24日(にじゅうよっか)
25日(にじゅうごにち)	26日(にじゅうろくにち)	27日(にじゅうしちにち)
28日(にじゅうはちにち)	29日(にじゅうくにち)	30日(さんじゅうにち)
31日(さんじゅういちにち)		

3. いつですか。

おととい　　昨日（きのう）　　今日（きょう）　　明日（あした）　　あさって

4. 경어의 접두어 'お'

　'荷物（にもつ）'는 '짐'이라는 뜻이며, 경어를 표현할 때 사용되는 접두어 'お'를 '荷物'앞에 붙여서 'お荷物'의 형태가 되면, 상대방의 짐을 높여주는 표현이 된다. 즉 'お'는 경어를 나타내는 접두어다. (お荷物, お座席)

　또한 'お'는 말을 예쁘게 하는 미화어(美化語)로도 많이 사용된다.

5. 명사의 과거활용형

과거긍정형	～でした
과거부정형	～ではありませんでした

何月何日（なんがつなんにち）(몇 월 며칠)　　いつ(언제)　　おととい(그저께)

昨日（きのう）(어제)　　今日（きょう）(오늘)　　明日（あした）(내일)　　あさって(모레)

한자쓰기

<ruby>誕生日<rt>たんじょうび</rt></ruby>	<ruby>誕生日<rt>たんじょうび</rt></ruby>	<ruby>誕生日<rt>たんじょうび</rt></ruby>
<ruby>村山<rt>むらやま</rt></ruby>	<ruby>村山<rt>むらやま</rt></ruby>	<ruby>村山<rt>むらやま</rt></ruby>
<ruby>僕<rt>ぼく</rt></ruby>	<ruby>僕<rt>ぼく</rt></ruby>	<ruby>僕<rt>ぼく</rt></ruby>
<ruby>昨日<rt>きのう</rt></ruby>	<ruby>昨日<rt>きのう</rt></ruby>	<ruby>昨日<rt>きのう</rt></ruby>
<ruby>今日<rt>きょう</rt></ruby>	<ruby>今日<rt>きょう</rt></ruby>	<ruby>今日<rt>きょう</rt></ruby>
<ruby>明日<rt>あした</rt></ruby>	<ruby>明日<rt>あした</rt></ruby>	<ruby>明日<rt>あした</rt></ruby>
<ruby>本当<rt>ほんとう</rt></ruby>	<ruby>本当<rt>ほんとう</rt></ruby>	<ruby>本当<rt>ほんとう</rt></ruby>
<ruby>お客様<rt>きゃくさま</rt></ruby>	<ruby>お客様<rt>きゃくさま</rt></ruby>	<ruby>お客様<rt>きゃくさま</rt></ruby>
<ruby>荷物<rt>にもつ</rt></ruby>	<ruby>荷物<rt>にもつ</rt></ruby>	<ruby>荷物<rt>にもつ</rt></ruby>
<ruby>座席<rt>ざせき</rt></ruby>	<ruby>座席<rt>ざせき</rt></ruby>	<ruby>座席<rt>ざせき</rt></ruby>

본문쓰기

基本会話

機内会話

연습문제

1 **다음 날짜를 일본어로 쓰시오.**

(1) 3월 7일　（　　　　　　　　）

(2) 6월 24일　（　　　　　　　　）

(3) 9월 9일　（　　　　　　　　）

(4) 4월 19일　（　　　　　　　　）

(5) 7월 10일　（　　　　　　　　）

(6) 12월 25일（　　　　　　　　）

(7) 1월 1일　（　　　　　　　　）

(8) 5월 5일　（　　　　　　　　）

(9) 8월 27일　（　　　　　　　　）

(10) 10월 3일　（　　　　　　　　）

2 **あなたの誕生日はいつですか？ ひらがなで 쓰시오.**

3 다음 ひらがな는 漢字_{かんじ}로, 漢字는 ひらがな로 고치시오.

(1) なんがつ(　　　　)　　　(2) なんにち(　　　　)

(3) あした(　　　　)　　　(4) きょう(　　　　)

(5) 誕生日(　　　　)　　　(6) 昨日(　　　　)

(7) 座席(　　　　)　　　(8) 荷物(　　　　)

4 일작하시오.

(1) 金さん의 생일은 언제입니까?

(2) 축하합니다.

(3) 제 생일은 어제였습니다.

(4) 손님의 짐이신가요?

(5) 좌석 아래에 넣어 주십시오.

항공
일본어회화

Aviation
Japanese Conversation

제**6**과

いくらでしたか。

山田 : その かばん、とても きれいですね。

　　　高いですか。

　金 : いいえ、あまり 高くありません。

山田 : いくらでしたか。

　金 : セールで 三千円でした。

山田 : セールは いつまでですか

　金 : 今週の 金曜日、午後 9時までですよ。

かばん(가방)	とても(매우)

きれいだ(깨끗하다, 예쁘다)

ね(～군요, 종조사로서 감탄이나 상대방에게 동의를 구할 때 사용됨)

高い(비싸다, 높다, 키가 크다)	あまり(별로, 그다지)	
いくら(얼마)	セールで(sale 해서)	まで(까지)
今週(이번 주)	金曜日(금요일)	
午後(오후)	9時(9시)	

よ(상대방이 모르는 것을 확신을 가지고 말할 때 쓰는 종조사)

シートベルトを おしめ ください。

C・A： お客様、まもなく 離陸(りりく)します。

シート ベルトを おしめ ください。

また お座席(ざせき)と テーブルを

もとの 位置(いち)に おもどし ください。

お客様： は〜い。

シートベルト(좌석벨트)　　　　　おしめ ください(매 주십시오)

まもなく(잠시 후, 곧)　　　　　　離陸(りりく)します(이륙하겠습니다)

また(또)　　　　　　　　　　　　テーブル(테이블)

もと(원래)　　　　　　　　　　　位置(いち)(위치)

おもどし ください(돌려놓아 주세요)

문법 설명

 ## 1. 형용사의 활용

일본어의 형용사에는 두 종류가 있다. 'な형용사'와 'い형용사'다.
'な형용사'의 어미는 '〜だ'이며, 'い형용사'의 어미는 '〜い'이다.
따라서 각 형용사의 어미 활용형은 다르다.

	な형용사(きれい<u>だ</u>)	い형용사(おもしろ<u>い</u>)
현재 긍정	어간 + です きれいです。 (예쁩니다.)	어간 + いです おもしろいです。 (재밌습니다.)
현재 부정	어간 + ではありません きれいではありません。 (예쁘지 않습니다.)	어간 + くありません おもしろくありません。 (재밌지 않습니다.)

(注) い형용사 '좋다'의 뜻으로 사용되는 'いい'는, 현재긍정일 경우에는 'いいです' 이지만, 어미 '〜い'가 '〜く'로 변하는 현재부정에서는 'いい'가 아닌 'よい'로 바꾸어서 활용해야 한다. 즉 'いくありません'이 아니라 'よくありません'임을 꼭 기억하자.

→ いい : いいです(좋습니다), よくありません(좋지 않습니다)

2. 숫자 (100～10,000)

100 ひゃく	200 にひゃく	300 さんびゃく	400 よんひゃく	500 ごひゃく
600 ろっぴゃく	700 ななひゃく	800 はっぴゃく	900 きゅうひゃく	1,000 せん
2,000 にせん	3,000 さんぜん	4,000 よんせん	5,000 ごせん	6,000 ろくせん
7,000 ななせん	8,000 はっせん	9,000 きゅうせん	10,000 いちまん	100,000 じゅうまん

3. 각국의 화폐 단위

ウォン(원)   円(엔)   ドル(달러)   バーツ(바트)

ユーロ(유로)   ポンド(폰드)   ペソ(페소)   元(위안)

4. 何曜日ですか。

月曜日	火曜日	水曜日	木曜日	金曜日	土曜日	日曜日
げつ	か	すい	もく	きん	ど	にち

5. 何時何分ですか
なん じ なんぷん

1時(いちじ)	2時(にじ)	3時(さんじ)	4時(よじ)
5時(ごじ)	6時(ろくじ)	7時(しちじ)	8時(はちじ)
9時(くじ)	10時(じゅうじ)	11時(じゅういちじ)	12時(じゅうにじ)

1分(いっぷん)	2分(にふん)	3分(さんぷん)	4分(よんぷん)
5分(ごふん)	6分(ろっぷん)	7分(ななふん)	8分(はっぷん)
9分(きゅうふん)	10分(じゅっぷん)	11(じゅういっぷん)	12(じゅうにふん)
13(じゅうさんぷん)	14(じゅうよんぷん)	15(じゅうごふん)	16(じゅうろっぷん)
17(じゅうななふん)	18(じゅうはっぷん)	19(じゅうきゅうふん)	20(にじゅっぷん)
30分(さんじゅっぷん) = 半(はん)		10分 前(じゅっぷん まえ)	

6. 조사 '〜から'와 '〜まで'

'〜から'는 '〜부터'이며, '〜まで'는 '〜까지'로, 각각 출발과 도착을 나타내는 조사이다. '〜から 〜まで'를 함께 묶어서 외워두자!

ここから あそこまで 何メートルですか。

(여기에서 저기까지 몇 미터입니까?)

ソウルから 東京まで 何時間ですか。

(서울에서 도쿄까지 몇 시간입니까?)

学校から 家まで 近いですね。

(학교에서 집까지 가깝군요.)

いい(좋다)

メートル(미터)

<ruby>何時間<rt>なんじかん</rt></ruby>(몇 시간)

<ruby>何曜日<rt>なんようび</rt></ruby>(무슨 요일)

ソウル(서울)

<ruby>家<rt>いえ</rt></ruby>(집)

<ruby>何時何分<rt>なんじ なんぷん</rt></ruby>(몇 시 몇 분)

<ruby>東京<rt>とうきょう</rt></ruby>(도쿄)

<ruby>近い<rt>ちか</rt></ruby>(가깝다)

한자쓰기

<ruby>高<rt>たか</rt></ruby>い	<ruby>高<rt>たか</rt></ruby>い	<ruby>高<rt>たか</rt></ruby>い
<ruby>今週<rt>こんしゅう</rt></ruby>	<ruby>今週<rt>こんしゅう</rt></ruby>	<ruby>今週<rt>こんしゅう</rt></ruby>
<ruby>金曜日<rt>きんようび</rt></ruby>	<ruby>金曜日<rt>きんようび</rt></ruby>	<ruby>金曜日<rt>きんようび</rt></ruby>
<ruby>離陸<rt>りりく</rt></ruby>	<ruby>離陸<rt>りりく</rt></ruby>	<ruby>離陸<rt>りりく</rt></ruby>
<ruby>位置<rt>いち</rt></ruby>	<ruby>位置<rt>いち</rt></ruby>	<ruby>位置<rt>いち</rt></ruby>
<ruby>教室<rt>きょうしつ</rt></ruby>	<ruby>教室<rt>きょうしつ</rt></ruby>	<ruby>教室<rt>きょうしつ</rt></ruby>
<ruby>東京<rt>とうきょう</rt></ruby>	<ruby>東京<rt>とうきょう</rt></ruby>	<ruby>東京<rt>とうきょう</rt></ruby>
<ruby>時間<rt>じかん</rt></ruby>	<ruby>時間<rt>じかん</rt></ruby>	<ruby>時間<rt>じかん</rt></ruby>
<ruby>家<rt>いえ</rt></ruby>	<ruby>家<rt>いえ</rt></ruby>	<ruby>家<rt>いえ</rt></ruby>
<ruby>近<rt>ちか</rt></ruby>い	<ruby>近<rt>ちか</rt></ruby>い	<ruby>近<rt>ちか</rt></ruby>い

본문쓰기

基本会話

機内会話

연습문제

1 다음 제시된 단어를 〈보기〉와 같이 고치시오.

> **보기** たかい → たかいです   きれいだ → きれいです
> → たかくありません   → きれいではありません

(1) おいしい →

(2) やさしい →

(3) いい →

(4) 親切だ →

(5) まじめだ →

2 다음 화폐읽기를 ひらがな로 적으시오.

(1) 3,500円

(2) 46,800원

(3) 679달러

3 다음 시간읽기를 ひらがな로 적으시오.

(1) 4시 10분

(2) 7시 30분

(3) 9시 10분전

(4) 5시 40분

(5) 12시 반

4 다음 ひらがな는 漢字로, 漢字는 ひらがな로 고치시오.

(1) たかい (   )

(2) ひとつ (   )

(3) 金曜日 (   )

(4) 映画 (   )

5 **일작하시오.**

(1) 그 가방은 얼마입니까?

(2) 별로 비싸지 않습니다.

(3) 내일 무슨 요일입니까?

(4) 여름 방학은 이번 주까지입니다.

(5) 벨트를 매 주십시오.

(6) 원래 위치로 돌려놔 주십시오.

おいしい(맛있다)	やさしい(상냥하다)	<ruby>親切<rt>しんせつ</rt></ruby>だ(친절하다)
まじめだ(착실하다)	<ruby>円<rt>えん</rt></ruby>(엔)	ウォン(원)
ドル(달러)	<ruby>夏休<rt>なつやす</rt></ruby>み(여름 방학)	<ruby>今週<rt>こんしゅう</rt></ruby>(금주)

항공
일본어회화

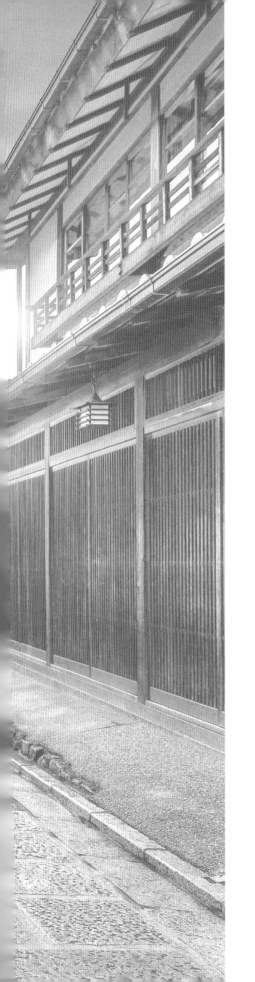

제 **7** 과

<ruby>味<rt>あじ</rt></ruby>は いかが
でしたか。

田山：昨日の レストランは どうでしたか。

李：ええ、とても すてきで、きれいな 店でした。

田山：味は いかがでしたか。

李：すごく おいしかったです。

田山：そうですか。よかったですね。

李：はい、店員も やさしくて 親切で、

とても 楽しい 時間でした。

味(맛)

ええ('네'의 편한 말)

店(가게)

よかった(좋았다, 다행이다)

やさしい(상냥하다)

楽しい(즐겁다)

レストラン(레스토랑)

すてきだ(멋지다)

すごく(굉장히)

店員(점원)

親切だ(친절하다)

時間(시간)

おのみものは 何^{なに}に なさいますか。

C・A：お客様、おのみものは

　　　　何^{なに}に なさいますか。

　　　　ジュース、コーラ、ビールなどが

　　　　ございます。

お客様：ビール 一本^{いっぽん} ください。

C・A：かしこまりました。どうぞ。

おのみもの(お飲み物, 음료수)　　　　　何に(무엇으로)

なさいますか(하시겠습니까?)

ジュース(주스)　　　　　コーラ(콜라)　　　　　ビール(맥주)

など(등)　　　　　が(이/가)　　　　　ございます(있습니다)

一本^{いっぽん}(한 병)　　　　かしこまりました(알겠습니다)

문법 설명

1. な형용사와 い형용사의 과거형, 연결형, 명사수식형

	な형용사(きれいだ)	い형용사(おもしろい)
현재 긍정	어간です きれいです。 (예쁩니다.)	어간 いです おもしろいです。 (재밌습니다.)
현재 부정	어간ではありません きれいではありません。 (예쁘지 않습니다.)	어간 くありません おもしろくありません。 (재밌지 않습니다.)
과거 긍정	어간 でした きれいでした。 (예뻤습니다.)	어간 かったです おもしろかったです。 (재밌었습니다.)
과거 부정	어간 ではありませんでした きれいではありませんでした。 (예쁘지 않았습니다.)	어간 くありませんでした おもしろくありませんでした。 (재밌지 않았습니다.)
연결형	어간 で きれいで(예쁘고)	어간 くて おもしろくて(재밌고)
명사 수식형	어간 な + 명사 きれいな人(예쁜 사람)	어간 い + 명사 おもしろい人(재밌는 사람)

な형용사의 과거긍정과 과거부정과 연결형의 활용형은 명사의 활용형과 같으며, な형용사의 명사수식형은 어미인 'だ'를 없애고 'な'를 붙여서 뒤에 오는 명사를 수식한다.

い형용사의 과거긍정과 과거부정과 연결형의 활용형 형태는, 각각 어미 'い'를 없애고 과거긍정은 'かったです', 과거부정은 'くありませんでした', 연결형은 'くて'를 붙여서 사용한다. い형용사의 명사수식형은 어미 'い'가 살아있는 상태에서 뒤의 명사를 수식해 준다.

명사수식형이란, な형용사와 い형용사의 바로 뒤에 명사가 왔을 때, な형용사와 い형용사의 어미형태가 어떻게 바뀌는가를 말한다. 예를 들어 한국어에서도 '재밌다'라는 형용사가 뒤의 '사람'을 수식한다면, '재밌는'으로 바뀌는 것과 같은 맥락으로 생각하면 될 것이다.

(注) い형용사 중 'いい'는 어미 'い'가 변하는 활용형일 경우에는
'よい'로 바꾸어서 사용한다.

いい ➡ よかったです, よくありませんでした, よくて, いいひと.

(좋다 ➡ 좋았습니다, 좋지 않았습니다, 좋고, 좋은 사람)

2. 〜が : '〜이/가'를 나타내는 주격조사

家が 遠いです。(집이 멉니다.)

コーヒーが おいしいです。(커피가 맛있습니다.)

あそこが 病院です。(저기가 병원입니다.)

3. な형용사 · い형용사 단어

な형용사	い형용사
上手^{じょうず}だ ↔ 下手^{へた}だ 잘 한다　못 한다	大^{おお}きい ↔ 小^{ちい}さい 크다　작다
好^すきだ ↔ きらいだ 좋아하다　싫어하다	多^{おお}い ↔ 少^{すく}ない 많다　적다
元気^{げんき}だ 건강하다	早^{はや}い ↔ 遅^{おそ}い 빠르다　늦다
有名^{ゆうめい}だ 유명하다	近^{ちか}い ↔ 遠^{とお}い 가깝다　멀다
ひまだ 한가하다, 시간이 있다	長^{なが}い ↔ 短^{みじか}い 길다　짧다
大丈夫^{だいじょうぶ}だ 괜찮다	暑^{あつ}い ↔ 寒^{さむ}い 덥다　춥다
便利^{べんり}だ 편리하다	強^{つよ}い ↔ 弱^{よわ}い 강하다　약하다
大変^{たいへん}だ 큰일이다, 힘들다	熱^{あつ}い ↔ 冷^{つめ}たい 뜨겁다　차다
心配^{しんぱい}だ 걱정이다	忙^{いそが}しい 바쁘다
簡単^{かんたん}だ 간단하다	うれしい 기쁘다

88

한자쓰기

みせ 店	みせ 店	みせ 店
あじ 味	あじ 味	あじ 味
てんいん 店員	てんいん 店員	てんいん 店員
しんせつ 親切	しんせつ 親切	しんせつ 親切
たの 楽しい	たの 楽しい	たの 楽しい
す 好きだ	す 好きだ	す 好きだ
おお 大きい	おお 大きい	おお 大きい
りょう り 料理	りょう り 料理	りょう り 料理
の もの 飲み物	の もの 飲み物	の もの 飲み物
ゆうめい 有名	ゆうめい 有名	ゆうめい 有名

본문쓰기

基本会話

機内会話

연습문제

1 〈보기〉와 같이 과거긍정, 과거부정, 연결형을 적으시오.

> **보기**
>
> きれいだ → きれいでした、きれいではありませんでした、きれいで
>
> おもしろい → おもしろかったです、おもしろくありませんでした、おもし
> ろくて

(1) 大きい →

(2) いい →

(3) いそがしい →

(4) つめたい →

(5) うれしい →

(6) 上手だ →

(7) 元気だ →

(8) ひまだ →

(9) 大丈夫だ →

(10) 心配だ →

2 〈보기〉의 단어를 사용하여 일본어로 만드시오.

(1) 친절한 점원

(2) 유명한 레스토랑

(3) 예쁜 가게

(4) 바쁜 시간

(5) 뜨거운 음료

(6) 맛있는 주스

(7) 시원한(찬) 맥주

(8) 재밌는 사람

(9) 큰 책

(10) 좋아하는 요리

보기　きれいだ，　有名だ，　親切だ，　いそがしい，　好きだ，　店員
　　　大きい，　つめたい，　おいしい，　あつい，　料理，　本，　人
　　　ビール，　店，　ジュース，　時間，　飲み物，　レストラン
　　　おもしろい

항공
일본어회화

Aviation
Japanese Conversation

제**8**과

映画を 見に
行きませんか。

山村：日曜日は 何を しますか。

朴：日本語の 勉強を します。

　　それから テレビも 見ます。

山村：いつも どうやって 勉強しますか。

朴：映画や ドラマを 見ながら、勉強します。

山村：それじゃ、来週の 日曜日、

　　映画を 見に 行きませんか。

朴：いいとも。

映画(영화)	見る(보다)	〜に(〜하러)
する(하다)	勉強(공부)	それから(그리고)
テレビ(TV)	いつも(항상)	どうやって(어떻게)
〜や(〜랑, 이나)	ドラマ(드라마)	〜ながら(〜하면서)
来週(다음주)	行(いく)(가다)	いいとも(좋고말고요)

お客さま、お食事です。

C・A： お客さま、お食事です。

ビーフと チキンが ございます。

お客様： ビーフ ください。

C・A： はい。ワインは いかがですか。

赤と 白が ございます。

お客様： 赤ワイン ください。

C・A： かしこまりました。どうぞ。

お食事(식사)　　　　　ビーフ(소고기)　　　　　チキン(닭고기)

ワイン(와인)　　　　　赤(빨강, R/W을 의미함)

白(하양, W/W을 의미함)　　　赤ワイン(적포도주, R/W)

문법 설명

1. 동사

동사는 사람 또는 사물의 움직임이나 작용을 나타내는 말이다. 일본어의 동사어미는 모두 'う'단 음절이며 총 9개로 'う,く,ぐ,す,つ,ぬ,ぶ,む,る' 이다.

또한 동사는 1그룹동사, 2그룹동사, 불규칙 동사인 3개로 분류된다.

2. 동사의 종류

1그룹 동사	어미가 'う'단으로 끝나는 동사. (う,く,ぐ,す,つ,ぬ,ぶ,む,る) 어미가 활용을 한다.	買う, 書く, 泳ぐ 話す, 待つ, 死ぬ, 遊ぶ, 飲む, 帰る
2그룹 동사	어미가 모두 'る'로 끝나며, 'る' 바로 앞 음절이 'い'단이나 'え'단의 음절이 온다. 'る'는 활용을 못한다.	見る, 食べる, 着る, 寝る
불규칙 동사	어미뿐 만이 아니라 어간도 변하여 불규칙동사라고 한다.	来る, する

(注) 2그룹동사의 형태를 하고 있지만 1그룹에 속하는 동사가 있다.

→ 走る, 知る, 帰る, 切る, 入る, 要る, 焦る, 減る

3. 동사의 현재긍정형 'ます'(〜ㅂ니다)

1그룹 동사	어미 'う'단 음절을 'い' 단 음절로 바꾼 후, 'ま す'를 붙인다. 일본어의 동사에는 미 래형이 없으므로 동사 의 현재형으로 문맥에 따라서 미래형에 사용 한다.	かう(사다) → か<u>い</u>ます かく(쓰다) → か<u>き</u>ます およぐ(헤엄치다) → およ<u>ぎ</u>ます はなす(이야기하다) → はな<u>し</u>ます まつ(기다리다) → ま<u>ち</u>ます しぬ(죽다) → し<u>に</u>ます あそぶ(놀다) → あそ<u>び</u>ます のむ(마시다) → の<u>み</u>ます かえる(돌아가다) → かえ<u>り</u>ます
2그룹 동사	어미 'る'를 없애고, 'ます'를 붙인다.	みる(보다) → みます たべる(먹다) → たべます
불규칙 동사	무조건 외운다.	くる(오다) → きます する(하다) → します

4. 'ます'와 'ます형'

'ます'는 동사어미에 붙여서 경어표현인 '〜ㅂ니다'이다. 그러나 'ます형'이란 용어 는 문법용어로써 'ます'와는 다르다. 동사의 'ます형'은 동사기본형에 'ます'를 붙여 서 경어형태를 만든 후, 'ます'만 떼어낸 앞부분만을 말한다.

예를 들면 'かう'에 'ます'를 붙여서 경어를 만들면 'か<u>い</u>ます', 'か<u>い</u>ます'에서 'ま す'를 떼어내면 'か<u>い</u>'만 남게 된다. 이 'か<u>い</u>'를 'かう' 동사의 'ます형'이라고 한다.

5. 동사의 'ます형' + ながら(~하면서)

동사의 'ます형'에 ながら를 붙여서 동시동작을 나타내는 표현을 만들 수 있다.

ごはんを 食べながら テレビを 見ます。(밥을 먹으면서 TV를 봅니다)
おんがくを 聞きながら べんきょうを します。(음악을 들으면서 공부를 합니다)

6. 동사의 'ます형' + に(~하러)

동사의 'ます형'에 조사 'に'를 붙여서 이동 목적인 '~하러'의 뜻으로 사용한다. 따라서 '~に' 다음에는 '行く, くる, 帰る, 戻る, 出かける, 出る,' 등과 같은 이동 동사가 온다. 그러나 이러한 동작동사 '行く, くる, 帰る' 등에는 '~に'를 붙여서 사용하지 않는다.

買う → 買いに(사러), 遊ぶ → 遊びに(놀러)
飲む → 飲みに(마시러), 食べる → 食べに(먹으러)
する → しに(하러)

또한 이동의 의미를 갖는 '명사'에 '~に'를 붙여서도 사용할 수 있다.

旅行に(여행하러), かいものに(쇼핑하러), 散歩に(산책하러)

7. 동사의 활용형 ます(현재긍정), ません(현재부정)

買います。(삽니다)　　　　買いません。(사지 않습니다, 안 삽니다)
飲みます。(마십니다)　　　　飲みません。(마시지 않습니다, 안 마십니다)

買う(사다)　　　　　　　書く(쓰다)　　　　　　　泳ぐ(헤엄치다)

話す(이야기하다)　　　　　待つ(기다리다)　　　　死ぬ(죽다)

遊ぶ(놀다)　　　　　　　飲む(마시다)　　　　　　帰る(돌아가다)

見る(보다)　　　　　　　食べる(먹다)　　　　　　着る(입다)

寝る(자다)　　　　　　　来る(오다)　　　　　　　する(하다)

走る(달리다)　　　　　　知る(알다)　　　　　　　切る(자르다)

入る(들어가다)　　　　　要る(필요하다)　　　　　焦る(초조해하다)

減る(줄다, 적어지다, 닳다)　ごはん(밥)　　　　　　テレビ(TV)

おんがく(음악)　　　　　戻る(돌아오다)　　　　　出かける(외출하다)

出る(나가다, 나오다)　　　旅行(여행)　　　　　　かいもの(쇼핑)

散歩(산책)

한자쓰기

えいが 映画	えいが 映画	えいが 映画
べんきょう 勉強	べんきょう 勉強	べんきょう 勉強
らいしゅう 来週	らいしゅう 来週	らいしゅう 来週
しょくじ 食事	しょくじ 食事	しょくじ 食事
あか 赤	あか 赤	あか 赤
しろ 白	しろ 白	しろ 白
ま 待つ	ま 待つ	ま 待つ
かえ 帰る	かえ 帰る	かえ 帰る
た 食べる	た 食べる	た 食べる
く 来る	く 来る	く 来る

본문쓰기

基本会話

機内会話

연습문제

1 다음 빈칸을 채우시오.

동사	~ます	~ません
買う		
書く		
行く		
泳ぐ		
話す		
待つ		
死ぬ		
遊ぶ		
飲む		
帰る		
見る		
食べる		
来る		
する		

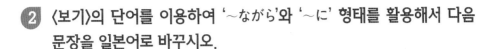

2 〈보기〉의 단어를 이용하여 '〜ながら'와 '〜に' 형태를 활용해서 다음 문장을 일본어로 바꾸시오.

(1) 헤엄치며 놉니다.

(2) 이야기하면서 옵니다.

(3) 마시면서 기다립니다.

(4) 먹으면서 공부합니다.

(5) 사러 갑니다.

(6) 놀러 갑니다.

(7) 마시러 옵니다.

> **보기** 勉強する, 泳ぐ, 遊ぶ, 話す, 来る,
> 食べる, 待つ, 飲む, 買う, 行く

3 일작하시오.

(1) 다음 주 목요일에 무엇을 합니까?

(2) TV는 항상 봅니까?

(3) 와인을 마시면서 이야기합니다.

(4) 친구를 만나러 일본에 갑니다.

〜に 会う(〜를 만나다)

제 **9** 과

朝ごはんを
食べましたか。

中田：朝ごはんを 食べましたか。

　金：いいえ、食べませんでした。

中田：私も 食べませんでした。
　　　寝坊を しました。

　金：ブランチでも 食べに 行きましょうか。

中田：いいですね。
　　　駅前に 安くて おいしい レストランが

　　　あります。

　金：そこへ 行きましょう。

朝ごはん(아침밥)

ブランチ(브런치)

～ましょうか(～ㄹ까요)

安い(싸다)

ある(있다)

寝坊をする(늦잠을 자다)

～でも(～라도)

駅前(역전)

レストラン(레스토랑)

～ましょう(～합시다)

免税品です。

C・A：お客さま、免税品です。

お客様：何が ありますか。

C・A：はい、お酒や たばこ、香水、

化粧品 などが ございます。

免税品(면세품)	何(무엇, 뭐)	ありますか(있습니까)
お酒(술)	や(이나)	たばこ(담배)
香水(향수)	化粧品(화장품)	など(등)
が(이/가)	ございます('あります'의 겸양어)	

문법 설명

1. 동사의 시제 활용형

　　과거긍정은 현재긍정의 'ます'에 'ました'를, 과거부정은 'ます'자리에 'ませんでした'를 넣어 활용한다. '行く'를 예를 들어서 표로 나타내 보면 다음과 같다.

현재 긍정	ます	行きます 갑니다.
현재 부정	ません	行きません 가지 않습니다.
과거 긍정	ました	行きました 갔습니다.
과거 부정	ませんでした	行きませんでした 가지 않았습니다.

2. 〜でも(〜라도)

명사에 '〜でも'를 붙여서 '〜라도'로 해석한다.

ブランチでも(브런치라도), コーヒーでも(커피라도)

3. '〜ましょう(〜합시다)'와 '〜ましょうか(〜할까요?)'

동사의 '〜ます' 자리에 '〜ましょう'를 붙이면 '〜합시다',
동사의 '〜ます' 자리에 '〜ましょうか'를 붙이면 '〜할까요?'

来週の 月曜日、学校で 会いましょう。
(다음 주 월요일, 학교에서 만납시다.)
バス停で 何時に 会いましょうか。
(버스정류장에서 몇 시에 만날까요?)

4. 조사 '〜に(〜에, 위치나 방향을 나타냄)'

   조사 '〜に'는 위치나 방향을 나타내는 조사로 '〜에'라고 해석한다. 방향을 나타내는 조사 'へ'와 거의 비슷하게 사용한다.

   굳이 구분 짓는다면, 'に'는 그 대상에 대해 어떤 목적으로 두고 있지만, 'へ'는 그 대상을 향한 단순한 방향성을 나타낸다고 할 수 있다.

   学校に 行きます。(학교에 갑니다.) ('공부하러'의 의미가 강함.)
   学校へ 行きます。(학교에 갑니다.) (공부 외에 다른 볼일도 포함함.)

   또한 '〜に' 앞에 사람과 생물이 온다면 '〜에게'라고 해석한다.
   私に ください。(나에게 주세요.)
   学生に 英語を おしえます。(학생에게 영어를 가르칩니다.)

コーヒー(커피)   〜で(〜에서, 장소)

バス停_{てい}(버스정류장)   おしえる (가르치다)

한자쓰기

朝ごはん（あさ）	朝ごはん（あさ）	朝ごはん（あさ）
食べる（た）	食べる（た）	食べる（た）
寝坊（ねぼう）	寝坊（ねぼう）	寝坊（ねぼう）
駅前（えきまえ）	駅前（えきまえ）	駅前（えきまえ）
安い（やす）	安い（やす）	安い（やす）
店（みせ）	店（みせ）	店（みせ）
免税品（めんぜいひん）	免税品（めんぜいひん）	免税品（めんぜいひん）
お酒（さけ）	お酒（さけ）	お酒（さけ）
香水（こうすい）	香水（こうすい）	香水（こうすい）
化粧品（けしょうひん）	化粧品（けしょうひん）	化粧品（けしょうひん）

본문쓰기

基本会話

機内会話

연습문제

1 다음 동사를 과거긍정과 과거부정으로 고치시오.

동사	～ました	～ませんでした
買う		
書く		
泳ぐ		
話す		
待つ		
死ぬ		
遊ぶ		
飲む		
帰る		
見る		
食べる		
来る		
する		

2 다음 동사를 '～ましょう'와 '～ましょうか'를 붙이고 한국어로 해석하시오.

(1) いく

(2) はなす

(3) かえる

(4) あるく

(5) はいる

3 〈보기〉의 단어를 활용하여 일작하시오.

(1) 점심에 무엇을 했습니까?

(2) 커피라도 마시러 갈까요?

(3) 회사 앞에 예쁘고 조용한 레스토랑이 있습니다.

> 보기 する, 何, お昼, レストラン, コーヒー, 飲む,
>
> しずかだ, 会社, 前, きれいだ, ある, 行く

歩く(걷다)   お昼(점심, 점심식사)

しずかだ(조용하다)   前(앞, 전)

항공
일본어회화

Aviation
Japanese Conversation

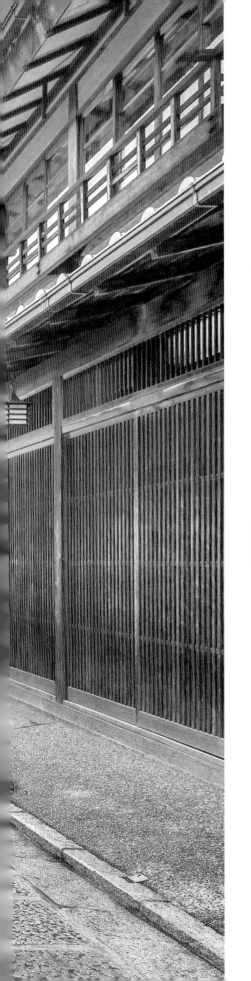

제 **10**과

私の 話を よく
聞いて くださいね。

皆<ruby>皆<rt>みな</rt></ruby>さん。

こちらを ごらんください。

私の <ruby>話<rt>はなし</rt></ruby>を よく <ruby>聞<rt>き</rt></ruby>いて くださいね。

この<ruby>用紙<rt>よう し</rt></ruby>に、お<ruby>名前<rt>な まえ</rt></ruby>を<ruby>書<rt>か</rt></ruby>いて、

<ruby>好<rt>す</rt></ruby>きな ところに マークして ください。

そして 私に <ruby>渡<rt>わた</rt></ruby>してから、お<ruby>帰<rt>かえ</rt></ruby>り ください。

ありがとうございました。

<ruby>皆<rt>みな</rt></ruby>さん(여러분)	ごらんください(봐 주세요)	<ruby>話<rt>はなし</rt></ruby>(이야기)
よく(잘, 자주)	<ruby>聞<rt>き</rt></ruby>く(듣다)	<ruby>用紙<rt>よう し</rt></ruby>(용지)
お<ruby>名前<rt>な まえ</rt></ruby>(성함)	ところ(곳, 장소, 점)	マーク(표시)
そして(그리고)	<ruby>渡<rt>わた</rt></ruby>す(건네주다)	～てから(～하고나서)
<ruby>帰<rt>かえ</rt></ruby>る(돌아가다, 돌아오다)	お<ruby>帰<rt>かえ</rt></ruby>りください(돌아가시기 바랍니다)	

まもなく 映画を 上映 いたします。

C・A：お客様、

まもなく 映画を 上映 いたします。

窓の ブラインドを おしめ ください。

お客様：私は 本が 読みたいんですけど。

C・A：それじゃ、ライトを つけて ください。

まもなく(잠시 후, 곧)	上映(상영)	いたす(해드리다)
窓(창문)	ブラインド(블라인드)	しめる(닫다)
読む(읽다)	～たい(～하고 싶다)	ライト(라이트, 등)
つける(켜다)		

문법 설명

1. 동사의 연결형 '〜て'

동사의 연결형 '〜て'는 조금 복잡하여 확실히 외워두지 않으면 안 된다. 쉽게 이해하기 위해 '〜て' 다음에 'ください'를 넣어서 가벼운 지시나 의뢰 권유를 나타내는 '〜해 주세요'의 형태로 접근해 보자.

1그룹 동사	동사 어미에 '〜て'를 붙이기 위해 어미 'う'단 음절은 각각 다음과 같이 바뀐다. く → いて (예외 : 行く → 行って) ぐ → いで す → して う, つ, る → って ぬ, ぶ, む → んで	書く → 書いて ください 行く → 行って ください 泳ぐ → 泳いで ください 話す → 話して ください 買う → 買って ください 待つ → 待って ください 帰る → 帰って ください 死ぬ → 死んで ください 遊ぶ → 遊んで ください 飲む → 飲んで ください
2그룹 동사	어미 'る'를 없애고, 'て'를 붙이면 된다.	見る → 見て ください 食べる → 食べて ください
불규칙 동사	무조건 외운다.	来る → 来て ください する → して ください

2. 동사의 'ます형'은 전성명사로 쓰이기도 한다.

遊ぶ(놀다) ➡ あそび(놀이)　　話す(이야기하다) ➡ はなし(이야기)

泳ぐ(헤엄치다) ➡ およぎ(수영)　　帰る(돌아가다) ➡ かえり(귀가, 귀국)

3. 접속조사 '〜から'(〜 때문에 〜이니까 〜이므로 등)

'〜から'는 이유를 나타내는 접속조사이며, 앞에 오는 서술형 문장 전체를 그대로 받아서 사용한다.

勉強しますから、おこづかい たくさん ください。

(공부할 테니까, 용돈 많이 주세요.)

明日 かいものに 行きますから、デパートで 会いましょう。

(내일 쇼핑하러 가니까, 백화점에서 만납시다.)

4. '〜てから'(〜하고나서)

동사의 연결형인 '〜て' 다음에 출발점을 나타내는 조사 '〜から'를 붙여서 '〜てか
ら'를 만들어 '〜하고나서'의 의미로 사용한다.

泳ぐ ➡ 泳いでから(수영하고 나서)

飲む ➡ 飲んでから(마시고 나서)

来る ➡ 来てから(오고 나서)

5. '〜たい'(〜하고 싶다)

동사 'ます형'에 붙여서 '〜하고 싶다'의 표현을 만들 때 활용한다.

단, '〜たい' 앞의 조사는 한국어 해석으로는 '〜을 하고 싶다'로 '을/를'을 사용하지
만 일본어는 'を'가 아니라 'が'를 사용한다는 것을 주의하자!

冷たい 飲み物が 飲みたいです。(찬 음료를 마시고 싶습니다.)

旅行に 行きたいですか。(여행하러 가고 싶습니다. = 여행가고 싶습니다.)

6. '〜んですか'용법

'〜んです'는 '〜のです'의 회화체로 원인, 이유, 판단의 근거 등을 설명하거나 보다 자세한 설명을 요구할 때 쓰는 표현이다.

'〜んです' 앞에 오는 품사의 활용형은 각각 다르게 변한다.
동사와 い형용사는 종지형이 오며, な형용사와 명사는 'な'를 사용한다.
너무 복잡하여 지금 단계에서는 문법이론만 간략히 표기해 두기로 한다.

회화체에서는 '〜の'를 '〜ん'으로 발음해서 사용한다.
이러한 것을 일일이 생각하며 회화를 하기에는 무리가 많으므로 문장을 많이 읽으면서 자연스럽게 익히길 바란다.

다음과 같은 느낌일 때 사용하면 된다.
(1) 朝から 熱が あるんです。(상황설명)

　　東京には 何時ぐらいに 到着するんですか。(상황설명요구)
(2) 交通が 不便なんです。(이유)
(3) アメリカで 買ったんですか。(설명요구)

おこづかい(용돈, 심부름 값)　　たくさん(많이)　　かいもの(쇼핑)

デパート(백화점)　　で(에서)　　つめたい(차갑다, 시원하다)

りょこう
旅行(여행)　　　　　ねつ
　　　　　　　　　　熱(열)　　　　　とうちゃく
　　　　　　　　　　　　　　　　　　到着(도착)

こうつう
交通(교통)　　　　　ふ べん
　　　　　　　　　　不便(불편)

한자쓰기

はなし 話	はなし 話	はなし 話
き 聞く	き 聞く	き 聞く
よう し 用紙	よう し 用紙	よう し 用紙
な まえ 名前	な まえ 名前	な まえ 名前
か 書く	か 書く	か 書く
こうつう 交通	こうつう 交通	こうつう 交通
ふ べん 不便	ふ べん 不便	ふ べん 不便
じょうえい 上映	じょうえい 上映	じょうえい 上映
まど 窓	まど 窓	まど 窓
よ 読む	よ 読む	よ 読む

본문쓰기

基本会話

機内会話

연습문제

1 다음 동사를 '~て ください'로 고치시오.

(1) 会う ➡

(2) 乗る ➡

(3) 来る ➡

(4) 食べる ➡

(5) 話す ➡

(6) 歩く ➡

(7) する ➡

(8) 寝る ➡

(9) 入る ➡

(10) 行く ➡

2 다음 ひらがな는 漢字로, 漢字는 ひらがな로 고치시오.

(1) はなし(　　　　　　)　　　　(2) なまえ(　　　　　　　)

(3) まど(　　　　　　)　　　　(4) 用紙(　　　　　　)

(5) 渡す(　　　　　　)　　　　(6) 上映(　　　　　　)

3 일작하시오.

(1) 5시까지 갈테니까 기다려 주세요.

(2) 공부를 하고나서 목욕을 합니다.

(3) 어제 신문을 읽어 주세요.

(4) 수영하고나서 밥을 많이 먹었습니다.

(5) 물을 마시고나서 또 뛰었습니다.

(6) 영화를 보고 싶습니다.

乗る(타다)　　　　寝る(자다)　　　　お風呂に入る(목욕을 하다)

お水(물)　　　　また(또)　　　　走る(달리다)

제11과

この 電話を 使っても
いいですか。

でんわ つか

村山 : すみません。

　　　この 電話を 使っても いいですか。

　朴 : あ、その 電話は 使っては いけません。

　　　こちらのは 結構です。

村山 : それじゃ、ここで

　　　飲み物は 飲んでも いいですか。

　朴 : いいえ、飲み物は 飲まないで ください。

村山 : わかりました。気を つけます。

すみません(저기요, 여보세요, 미안합니다, 실례합니다)

電話(전화)　　　　　　使う(사용하다)　　　　　　結構だ(괜찮다, 좋다)

～ても いいですか(～해도 좋습니까?)

～ては いけません(～해서는 안 됩니다)

～ないで ください(～하지 말아 주세요)

わかる(알다, 이해하다)　　気を つける(주의하다)

入国書類です。

C・A： お客さま、入国 書類<ruby>にゅうこくしょるい</ruby>です。

お客様： これ、書<ruby>か</ruby>かないと いけないんですか。

C・A： はい、韓国<ruby>かんこく</ruby>で お降<ruby>お</ruby>りの お客さまは,

必<ruby>かなら</ruby>ず お書き ください。

おひとり 1まい ずつ お書き ください。

入国<ruby>にゅうこく</ruby>(입국)　　　　　書類(서류)　　　~ないといけない(~앓으면 안 된다)

お降<ruby>お</ruby>りの お客さま(내리실 손님은)　　必<ruby>かなら</ruby>ず(반드시)

お書<ruby>か</ruby>き ください (= '書<ruby>か</ruby>いて ください' 보다 정중한 표현)

おひとり(한 분)　　　1<ruby>いち</ruby>まい(한 장)　　　　　ずつ(씩)

문법 설명

1. ～ても いいですか。

동사의 연결형인 'て형'에 '～も いいですか'를 붙여서 활용한다.

(～해도 좋습니까, ～해도 됩니까?)

기본형	～ても いいですか
かう	かっても いいですか
かく	かいても いいですか
いく	いっても いいですか
およぐ	およいでも いいですか
まつ	まっても いいですか
あそぶ	あそんでも いいですか
のむ	のんでも いいですか
みる	みても いいですか
たべる	たべても いいですか
くる	きても いいですか
する	しても いいですか

 2. ～てはいけません。

동사의 연결형인 'て형'에 '～はいけません'를 붙여서 활용한다.
(～해서는 안 됩니다, ～하면 안 됩니다)

기본형	～ては いけません
かう	かっては いけません
かく	かいては いけません
いく	いっては いけません
およぐ	およいでは いけません
まつ	まっては いけません
あそぶ	あそんでは いけません
のむ	のんでは いけません
みる	みては いけません
たべる	たべては いけません
くる	きては いけません
する	しては いけません

3. ～ないでください

'～ないで ください'는 '～て ください'의 반대의 뜻으로 가벼운 지시나 명령을 나타내는 '～하지 말아 주세요'를 표현할 때 사용한다.

이 표현은 '～ない형'에 붙여서 활용해야 하므로 '～ない형'에 대해 살펴보도록 한다.

> 👉 **동사의 '～ない형'**
>
> '～ない형'은 동사 기본형의 어미 변형을 일으키거나 활용형을 붙여서 직접 부정형으로 바꾸는 형태이다.

1그룹 동사	어미 'う'단 음절을 'あ'단 음절로 바꾼 후, 'ない'를 붙인다. 경어는 'ない' 뒤에 'です'를 붙이면 된다. 단, 'う'로 끝난 동사는 어미 'う'를 'あ'가 아니라 'わ'로 바꾼 후, 'ない'를 붙인다.	かう → かわない (사지 않다) かく → かかない (쓰지 않다) およぐ → およがない (헤엄치지 않다) はなす → はなさない (이야기하지 않다) まつ → またない (기다리지 않다) しぬ → しなない (죽지 않다) あそぶ → あそばない (놀지 않다) のむ → のまない (마시지 않다) かえる → かえらない (돌아가지 않다)
2그룹 동사	어미 'る'를 없애고, 'ない'를 붙인다.	みる → みない(보지 않다) たべる → たべない(먹지 않다)
불규칙 동사	무조건 외운다.	くる → こない(오지 않다) する → しない(하지 않다)

기본형	～ないで ください
かう	かわないで ください(사지 말아 주세요)
かく	かかないで ください(쓰지 말아 주세요)
いく	いかないで ください(가지 말아 주세요)
およぐ	およがないで ください(헤엄치지 말아 주세요)
まつ	またないで ください(기다리지 말아 주세요)
あそぶ	あそばないで ください(놀지 말아 주세요)
のむ	のまないで ください(마시지 말아 주세요)
みる	みないで ください(보지 말아 주세요)
たべる	たべないで ください(먹지 말아 주세요)
くる	こないで ください(오지 말아 주세요)
する	しないで ください(하지 말아 주세요)

たくさん 飲まないで ください。 (많이 마시지 말아 주세요.)

あまり 使わないで ください。 (너무 사용하지 말아 주세요.)

絶対に 入らないで ください。 (절대로 들어가지 말아 주세요.)

4. 'すみません'의 사용법 세 가지

1 **'미안합니다'**

상대방에게 사죄할 때 사용한다.

2 **'저기요'**

사람을 부를 때 사용한다.

3 **'실례합니다'**

남의 집이나 사무실을 들어갈 때 실례함을 표현하기 위해 사용한다.

会議室(회의실)　　　　たくさん(많이)　　　　あまり(너무, 별로)

絶対に(절대로)

한자쓰기

でんわ 電話	でんわ 電話	でんわ 電話
つか 使う	つか 使う	つか 使う
けっこう 結構	けっこう 結構	けっこう 結構
の　　もの 飲み物	の　　もの 飲み物	の　　もの 飲み物
わら 笑う	わら 笑う	わら 笑う
にゅうこく 入国	にゅうこく 入国	にゅうこく 入国
しょるい 書類	しょるい 書類	しょるい 書類
かなら 必ず	かなら 必ず	かなら 必ず
お 降りる	お 降りる	お 降りる
いす 椅子	いす 椅子	いす 椅子

본문쓰기

基本会話

機内会話

연습문제

1 다음 단어에 '~てもいいですか'를 붙이고 해석하시오.

(1) 書く

(2) 笑う

(3) 待つ

(4) 走る

2 다음 단어에 '~てはいけません'을 붙이고 해석하시오.

(1) 見る

(2) 泳ぐ

(3) 乗る

(4) 行く

3 다음 단어에 '~ないでください'를 붙이고 해석하시오.

(1) 笑う

(2) 走る

(3) 死ぬ

(4) 帰る

(5) する

(6) くる

4 일작하시오.

(1) 그 책을 읽어도 됩니까?

(2) 여기에서 담배를 피우면 안 됩니다.

(3) 이쪽 의자에 앉아도 좋습니다.

(4) 청소를 하지 말아 주세요.

笑う(웃다)　　　　　　すう(피우다)　　　　　　椅子(의자)

すわる(앉다)　　　　　そうじ(청소)

항공
일본어회화

Aviation
Japanese Conversation

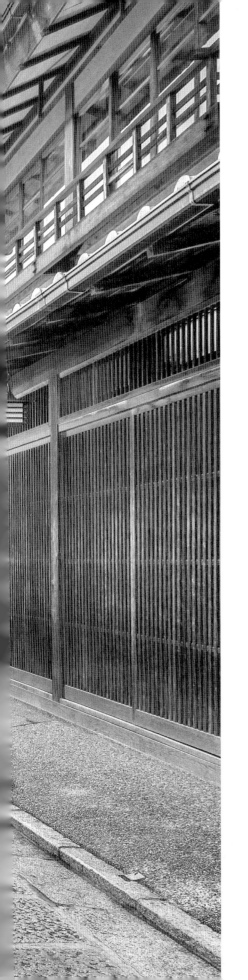

제 **12**과

ふと
太るから、
食べないの!

中村：ケーキ 食べる？

李：食べない。

中村：ジュース 飲む？

李：飲まない。

中村：どうしたの？ 何か 食べた？！

李：ううん。太るから、食べないの。

私、痩せたいから。

太る(살찌다)　　　　　ケーキ(케이크)　　　　　食べる？(먹을래?)

どうしたの？(왜 그래?, 무슨 일이야?)

の(종조사, 부드럽게 표현하거나 단정을 나타낼 때 사용함.)

何か(뭔가, 뭐, 'なにか'의 구어적 표현)　　　　　ううん(부정의 표현)

痩せる(마르다, 야위다, 살이 빠지다)

今 どこを 飛んでるの。

お客様：ね！この 飛行機、今 どこを 飛んでるの。

C・A：はい、キャプテンに 聞いて みます。

少々 お待ちください。

お客様、ただいま ベルリーンを

通って おります。

今(지금)

飛行機(비행기)

聞く(듣다, 묻다)

少々(조금)

ベルリーン(베를린, = 'ベルリン')

おる(있다, 'いる'의 겸양어)

飛んでるの(날고 있어)

キャプテン(기장님, captain)

～てみる(～해 보다)

ただいま(지금 막)

通る(지나가다, 통과하다)

문법 설명

1. 동사의 과거형 (보통체 = 반말형태)

동사의 기본형은 현재형의 보통체이다. 이 동사의 기본형에 'て'를 붙여서 동사의 연결형을 배웠는데, 이 연결형 'て' 자리에 'た'를 넣으면 동사의 보통체 과거형이 된다.

즉 동사의 기본형은 현재형이며, 'た'를 붙이면 과거형이다.

1그룹 동사	書く(쓰다) → 書いて → 書いた(썼다) 行く(가다) → 行って → 行った(갔다) 泳ぐ(헤엄치다) → 泳いで → 泳いだ(헤엄쳤다) 話す(얘기하다) → 話して → 話した(얘기했다) 買う(사다) → 買って → 買った(샀다) 待つ(기다리다) → 待って → 待った(기다렸다) 帰る(돌아가다) → 帰って → 帰った(돌아갔다) 死ぬ(죽다) → 死んで → 死んだ(죽었다) 遊ぶ(놀다) → 遊んで → 遊んだ(놀았다) 飲む(마시다) → 飲んで → 飲んだ(마셨다)
2그룹 동사	見る(보다) → 見て → 見た(봤다) 食べる(먹다) → 食べて → 食べた(먹었다)
불규칙 동사	来る(오다) → 来て → 来た(왔다) する(하다) → して → した(했다)

2. '太るから'와 '太りますから'의 차이

'太る'는 동사의 기본형, '太ります'는 경어 형태이다.

그리고 '〜から'는 이유를 나타내는 접속조사로, 해석하면 '〜이니까, 〜이므로, 〜이어서, 〜이기 때문에' 등을 표현할 때 사용한다.

'太るから'는 '太る + から', 동사기본형인 보통체에 '〜から'가 붙어서

'살찌니까, 살찔 테니까'

'太りますから'는 '太ります + から', 동사어미에 'ます'가 붙은 경어 체이므로

'살찌니까요, 살찔 테니까요'

라고 해석한다.

반말과 경어의 차이는 매우 큰 차이이다.
자주 틀리는 부분이므로 상황에 알맞게 잘 사용하기 바란다.

行くから(가니까, 갈 테니까)
行きますから(가니까요, 갈 테니까요)

3. '〜の'의 또 다른 용법(종조사)

'〜の'는 문장 끝에 붙여서 종조사로 사용될 때도 있다. 부드러운 반말 표현이나, 단정적인 느낌을 나타낼 때 사용한다. 따라서 동등한 위치의 사람이나 친구 또는 아 랫사람 등에게 사용한다. 물론 부드러운 음성으로 말한다면 굳이 '〜の'를 사용하지 않아도 된다.

のまない?(안 마셔? 안 마시니?) = のまないの?(안 마실 거니?)
いかない. (안 가.) = いかないの. (안 갈 거야.)

お金(돈)

한자쓰기

ふと 太る	ふと 太る	ふと 太る
や 痩せる	や 痩せる	や 痩せる
ひこうき 飛行機	ひこうき 飛行機	ひこうき 飛行機
と 飛ぶ	と 飛ぶ	と 飛ぶ
とお 通る	とお 通る	とお 通る
すわ 座る	すわ 座る	すわ 座る
わす 忘れる	わす 忘れる	わす 忘れる
やす 休む	やす 休む	やす 休む
かれ 彼	かれ 彼	かれ 彼
かのじょ 彼女	かのじょ 彼女	かのじょ 彼女

본문쓰기

基本会話

機内会話

연습문제

1 다음 동사의 '~て'와 보통체 반말형인 '~た'로 고치시오.

동사	～て	～た
買う		
書く		
泳ぐ		
話す		
待つ		
死ぬ		
遊ぶ		
飲む		
帰る		
見る		
食べる		
来る		
する		

2 다음 동사를 **ない형**으로 고치고 해석하시오.

(1) 会う →

(2) おこる →

(3) すう →

(4) 見る →

(5) 座る →

(6) 忘れる →

(7) 入る →

(8) 乗る →

(9) 休む →

(10) 寝る →

3 일작하시오.

(1) 왜 그래?

(2) 뭔가 봤어?

(3) 그 남자 만나 볼래?

(4) 담배 안 피우니까.

(5) 그 여자는 안 기다린다.

おこる(화내다)   座(すわ)る(앉다)   忘(わす)れる(잊다, 잃어버리다)

休(やす)む(쉬다)   彼(かれ)(그이)   彼女(かのじょ)(그녀)

항공
일본어회화

<ruby>新宿<rt>しんじゅく</rt></ruby>へ 行った
ことが ありますか。

田中：新宿へ 行った ことが ありますか。

金：はい、とても にぎやかで、

あちこち 行ったり 来たり しました。

田中：新宿で 何を しましたか。

金：友だちと 一緒に 映画を 見たり、

ご飯を 食べたり、

ショッピングを したり しました。

田中：そうですか。どんな 映画を 見ましたか。

金：アバターです。

すごく おもしろかったですよ。

新宿(신주쿠)　　　　　　〜た ことが ありますか(〜한 적이 있습니까?)

にぎやかだ(번화하다, 화려하다)　　あちこち(여기저기)

行ったり 来たりする(왔다 갔다 하다)　一緒に(함께)

ショッピング(쇼핑)　　　　アバター(아바타)

いつでも お呼び ください。

C・A : お客さま、頭痛は いかがでしょうか。

お客様 : はい、すっかり よく なりました。ありがとう。

C・A : それは よかったですね。

　　　　ほかに ご用が ございましたら、

　　　　いつでも お呼び ください。

お客様 : ありがとう。

C・A : どういたしまして。

いつでも(언제라도, 언제든지)　　呼ぶ(부르다)

頭痛(두통)　　　　　　　　　　　すっかり(완전히)

ほかに(그밖에)　　　　　　　　　ご用(볼일)

ございましたら(있으시면)　　　　どういたしまして(천만에요)

문법 설명

 1. ～た ことが ありますか(경험, ～한 적이 있습니까?) ─

'こと'는 명사로서 '일, 적' 등으로 해석한다. 'こと'를 수식하기 위해서 앞에 오는 동사형태는, 미래형은 동사의 기본형을 사용하고, 과거형은 동사에 'た'를 붙여서 사용하면 된다.

'～た ことが ありますか'는 경험을 나타내는 표현이므로 '～해 본 적이 있습니까?'를 일본어로 표현할 때 사용된다.

たまに 寝坊を する ことが あります。

(가끔 늦잠을 자는(잘) 일이 있습니다.)

出張で 東京へ 行く ことが あります。

(출장으로 도쿄에 가는(갈) 적이 있습니다.)

新宿へ 行った ことが ありますか。(신주쿠에 간 적이 있나요?)

なやみを 話した ことが ありますか。(고민을 얘기한 것이 있나요?)

お酒を 飲んだ ことが ありますか。(술을 마신 적이 있나요?)

2. Aたり Bたり する(A하거나 B하거나 하다)

'Aたり Bたり する'는 '〜たり'가 하나 이상만 오면 되고 반드시 'する'로 맺어준다.
'A하거나 B하거나 하다' 또는 'A하기도 하고 B하기도 하다'를 표현할 때 사용된다.
'〜たり'의 '〜た'는 동사의 명사수식형으로 과거형을 나타내는 활용형이다.
따라서 동사의 과거형 '〜た'에 'り'를 붙인 형태이다.

去年は 仕事で 日本へ 行ったり 来たり しました。

(작년에는 일로 일본에 왔다 갔다 했습니다.)

お酒を 飲んだり 歌を 歌ったり しました。

(술을 마시기도 하고 노래를 부르기도 했습니다.)

3. '〜になる'와 '〜くなる'

"な형용사 어간 + になる"와 "い형용사 어간 + くなる" 용법(〜해지다)

1 "な**형용사 어간 +** になる"

ひまだ → ひまになる → ひまになりました

(한가하다) → (한가해지다) → (한가해졌습니다)

すてきだ → すてきになる → すてきになりました

(멋있다) → (멋있어지다) → (멋있어졌습니다)

2 "い**형용사 어간 +** くなる"

明るい → 明るくなる → 明るくなります

(밝다) → (밝아지다) → (밝아집니다)

あたたかい → あたたかくなる → あたたかくなりました

(따뜻하다) → (따뜻해지다) → (따뜻해졌습니다)

たまに(가끔)　　　出張しゅっちょう(출장)　　　新宿しんじゅく(신주쿠)

なやみ(고민)　　　去年きょねん(작년)　　　仕事しごと(일, 직업)

歌うた(노래)　　　歌ううた(노래부르다)

한자쓰기

しんじゅく 新宿	しんじゅく 新宿	しんじゅく 新宿
いっしょ 一緒	いっしょ 一緒	いっしょ 一緒
はん ご飯	はん ご飯	はん ご飯
ず つう 頭痛	ず つう 頭痛	ず つう 頭痛
よう ご用	よう ご用	よう ご用
しゅっちょう 出張	しゅっちょう 出張	しゅっちょう 出張
きょねん 去年	きょねん 去年	きょねん 去年
し ごと 仕事	し ごと 仕事	し ごと 仕事
うた 歌	うた 歌	うた 歌
あか 明るい	あか 明るい	あか 明るい

본문쓰기

基本会話

機内会話

연습문제

1 다음 단어에 '~た ことが ありますか'를 붙이고 해석하시오.

(1) 読む

(2) 調べる

(3) 会う

(4) 聞く

(5) 行く

2 다음 문장을 '~たり~たり する'를 활용하여 일본어 문장으로 만드시오.

(1) 영화를 보거나 밥을 먹거나 했습니다.

(2) TV를 보거나 음악을 듣거나 했습니다.

(3) 노래하거나 춤추거나 합니다.

(4) 책을 읽거나 만화를 읽거나 합니다.

(5) 청소하거나 빨래하거나 했습니다.

③ **다음 각 형용사에 ~くなる, ~になる를 활용하여 고치고 해석하시오.**

(1) さびしい

(2) すずしい

(3) こわい

(4) しずかだ

(5) きれいだ

(6) げんきだ

4 일작하시오.

(1) 너무 맛있어서 내일 또 갑니다.

(2) 일본의 어디에 갔습니까?

(3) 여기저기 왔다 갔다 했습니다.

(4) 다른 볼 일이 있으시면.

(5) 언제든지 불러 주십시오.

しら
調べる(조사하다, 알아보다)

おんがく
音楽(음악)

おど
踊る(춤추다)

まんが
漫画(만화)

そうじ
掃除する(청소하다)

せんたく
洗濯する(빨래하다)

さびしい(쓸쓸하다, 외롭다)

こわい(무섭다)

また(또)

Aviation
Japanese Conversation

제 **14** 과

日本語で 話^{はな}す
ことも できますか。

山田：日本語を 書く ことが できますか。

金：はい、書けます。

山田：日本語で 話す ことも できますか。

金：いいえ、話すのは 難しくて、

少ししか できません。

山田：いやいや、これぐらい 話せるから、

これだけでも りっぱですよ。

金：どうも。

～ことが できる(～할 수가 있다)　　　　書ける(쓸 수 있다)

難しい(어렵다)　　　　少し(조금)　　　　　　しか(밖에)

できる(할 수 있다, 가능하다, 생기다)　　いやいや('아님'을 강조함)

これぐらい(이정도)　　　　　　話せる(말할 수 있다)

これだけでも(이만큼이라도, 이 정도면)　りっぱだ(훌륭하다)

どうも(대단히, 이 표현만으로도 감사의 표현임)

コックピットの 立^たち入^いりは 禁じられて おります。

お客様：すみません。

コックピットに はいっても いいですか。

C・A：もうしわけございません。

コックピットの 立^たち入^いりは

禁^{きん}じられて おります。

お客様：あ、そうですか。ざんねん。

コックピット(조종실)　　立^たち入^いり(출입)　　　禁^{きん}じられる(금지되다)

もうしわけございません('미안합니다.'의 가장 정중한 말)

ざんねんだ(속상하다, 안타깝다, 유감이다)

문법 설명

1. ~ことが できます(~할 수가 있습니다)

무엇을 할 수 있다는 가능표현을 배워본다.
'こと'(적, 일) 앞에 동사 기본형을 붙여서 가능표현을 만들 수 있다.

日本語を 書く ことが できます。　일본어를 쓸 수가 있습니다.

50メートル 泳ぐ ことが できます。　50 미터 수영할 수가 있습니다.

納豆を 食べる ことが できます。　낫또를 먹을 수가 있습니다.

英語で 話す ことが できます。　영어로 말할 수가 있습니다.

お酒は 少しも 飲む ことは できません。　술은 조금도 마실 수는 없습니다.

결국 이 표현을 한국어답게 번역한다면, '~할 줄 압니다.'라고 번역해서 자연스러울 때가 많다. 이 표현을 거꾸로 생각한다면 한국어로 '~할 줄 압니다.'를 일본어로 표현하고자 한다면 '~たことが できます'의 표현을 활용하면 된다는 뜻이다. 따라서 위의 문장을 다음과 같이 해석할 수 있다.

일본어를 쓸 줄 압니다.
50 미터 헤엄칠 줄 압니다.
낫또를 먹을 줄 압니다.
영어로 이야기할 줄 압니다.(= 영어 할 줄 압니다.)
술은 조금도 마실 줄은 모릅니다.

2. 동사의 가능형

동사 기본형의 어미를 활용하여 가능형 동사로 만들 수 있다. '쓰다'를 '쓸 수 있다', 나아가 '쓸 수 있다'를 '쓸 수 있습니다'인 경어로 표현할 수 있다. 단 주의할 것은 한국어로는 '~을/를 할 수 있다'라고 표현하는 것처럼 '을/를'의 조사를 사용하지만, 일본어는 'を'를 사용하지 않고 'が'를 사용한다. 반드시 이 점을 주의해야 한다.

1그룹 동사	어미 'う'단 음절을 'え'단 음절로 바꾼 후, 'る'를 붙이면 된다. 이 형태는 2그룹동사에 속하는 형태가 되어서 경어로 표현하고자 한다면 'る'를 없애고 'ます'를 붙이면 된다.	買う → 買える → 買えます 書く → 書ける → 書けます 泳ぐ → 泳げる → 泳げます 話す → 話せる → 話せます 待つ → 待てる → 待てます 死ぬ → 死ねる → 死ねます 遊ぶ → 遊べる → 遊べます 飲む → 飲める → 飲めます 帰る → 帰れる → 帰れます
2그룹 동사	어미 'る'를 없애고, 수동형인 'られる'를 붙이면 되고, 경어는 'る'를 없애고 'ます'를 붙이면 된다.	見る → 見られる → 見られます 食べる → 食べられる → 食べられます 着る → 着られる → 着られます 寝る → 寝られる → 寝られます
불규칙 동사	무조건 외운다.	来る → 来られる → 来られます する → できる → できます

メートル(미터)　　納豆(낫또)　　着る(입다)

항공일본어회화

한자쓰기

<ruby>難<rt>むずか</rt></ruby>しい	<ruby>難<rt>むずか</rt></ruby>しい	<ruby>難<rt>むずか</rt></ruby>しい
<ruby>立<rt>た</rt></ruby>ち<ruby>入<rt>い</rt></ruby>り	<ruby>立<rt>た</rt></ruby>ち<ruby>入<rt>い</rt></ruby>り	<ruby>立<rt>た</rt></ruby>ち<ruby>入<rt>い</rt></ruby>り
<ruby>禁<rt>きん</rt></ruby>じられる	<ruby>禁<rt>きん</rt></ruby>じられる	<ruby>禁<rt>きん</rt></ruby>じられる
<ruby>納豆<rt>なっとう</rt></ruby>	<ruby>納豆<rt>なっとう</rt></ruby>	<ruby>納豆<rt>なっとう</rt></ruby>
<ruby>洗<rt>あら</rt></ruby>う	<ruby>洗<rt>あら</rt></ruby>う	<ruby>洗<rt>あら</rt></ruby>う
<ruby>作<rt>つく</rt></ruby>る	<ruby>作<rt>つく</rt></ruby>る	<ruby>作<rt>つく</rt></ruby>る
<ruby>歩<rt>ある</rt></ruby>く	<ruby>歩<rt>ある</rt></ruby>く	<ruby>歩<rt>ある</rt></ruby>く
<ruby>入<rt>はい</rt></ruby>る	<ruby>入<rt>はい</rt></ruby>る	<ruby>入<rt>はい</rt></ruby>る
<ruby>歌<rt>うた</rt></ruby>う	<ruby>歌<rt>うた</rt></ruby>う	<ruby>歌<rt>うた</rt></ruby>う
<ruby>洗濯<rt>せんたく</rt></ruby>する	<ruby>洗濯<rt>せんたく</rt></ruby>する	<ruby>洗濯<rt>せんたく</rt></ruby>する

174

본문쓰기

基本会話

機内会話

연습문제

1 **다음 동사에 '～ことができます'를 붙이고 해석하시오.**

(1) 行く →

(2) 洗う →

(3) 作る →

(4) する →

(5) 座る →

(6) 歩く →

(7) 見る →

(8) 食べる →

(9) 泳ぐ →

(10) 遊ぶ →

2 다음 동사 기본형을 가능형으로 만드시오.

(1) 入る →

(2) 歌う →

(3) 洗濯する →

(4) 調べる →

(5) 使う →

(6) 見る →

(7) する →

(8) くる →

(9) 死ぬ →

(10) 待つ →

3 **일작하시오.**

(1) 영어로 말할 수도 있습니까?

(2) 또 먹을 수 있습니까?

(3) 내일까지는 기다릴 수도 있습니다.

(4) 한국에 올 수는 있어요?

(5) 술은 조금도 마실 줄 모릅니다.

洗う(씻다, 감다, 빨래하다)　　　　作る(만들다)

항공
일본어회화

제 **15** 과

<ruby>雨<rt>あめ</rt></ruby>に <ruby>降<rt>ふ</rt></ruby>られて、
<ruby>風邪<rt>かぜ</rt></ruby>を ひきました。

田山 : 昨日 雨に 降られて、風邪を ひきました。

李 : 病院へ 行ったんですか。

田山 : はい、のども 痛かったし、鼻水も 出たので、

病院へ 行きました。

李 : それで、風邪薬は 飲みましたか。

田山 : はい、飲みました。

李 : 薬を 飲んで、ぐっすり 寝たら、

よくなるでしょう。

雨(비)	降る(내리다)	風邪を ひく(감기에 걸리다)
病院(병원)	のど(입안의 '목')	痛い(아프다)
～し(～하고, 나열을 나타내는 접속조사)		鼻水(콧물)
出る(나오다)	それで(그래서)	風邪薬(감기약)
薬を 飲む(약을 먹다)	ぐっすり(푹)	～たら(～하면, 가정법)
よくなる(좋아지다)	～でしょう(～겠지요, 추측)	

お薬を お持ちしましょうか。

お客様：あの、ちょっと おなかが いたいんですけど。

Ｃ・Ａ：しょうかやくを お持ちしましょうか。

お客様：おねがいします。

Ｃ・Ａ：はい、すぐに お持ちいたします。

お客様、しょうかやくです。どうぞ。

お体の ぐあいが 悪く なりましたら、

また およびください。お大事に。

お持ちしましょうか(갖다드릴까요?)　　　あの(저)　　　ちょっと(조금)

おなか(배)　　いたい(아프다)　　　しょうかやく(소화제)

お体(몸)　　ぐあい(상태)　　　悪く なりましたら(나빠지시면)

また(또)　　およびください(불러 주세요)　お大事に(쾌차하세요)

문법 설명

1. 동사의 수동형태(~하게 되다)

❶ 수동태의 의미(~하게 되다, ~해지다, ~당하다)

　수동태는 한국에서는 많이 사용하지 않는 표현이므로 많이 읽어보고 익혀야 할 것이다. 한국어로 매끄럽게 해석이 되는 것도 있지만, 그렇지 않은 것이 더 많다.

　수동의 기본해석은 'A에게 ~당하다'의 뜻이 강하므로,

　'Aに~れる'의 형태를 사용한다.

1그룹 동사	어미 'う'단 음절을 'あ'단 음절로 바꾼 후, 'れる'를 붙이면 수동형태가 된다. 이 상태는 2그룹 동사에 속하므로 경어로 표현하고자 한다면 'る'를 없애고 'ます'를 붙이면 된다. 단, 'う'로 끝난 동사는 'あ'가 아니라 'わ'로 바꾸고 'れる'를 붙인다.	買う → 買われる → 買われます 書く → 書かれる → 書かれます 泳ぐ → 泳がれる → 泳がれます 話す → 話される → 話されます 待つ → 待たれる → 待たれます 死ぬ → 死なれる → 死なれます 遊ぶ → 遊ばれる → 遊ばれます 飲む → 飲まれる → 飲まれます 帰る → 帰られる → 帰られます
2그룹 동사	어미 'る'를 없애고, 'られる'를 붙이면 수동형태가 된다. 'る'를 없애고 'ます'를 붙이면 경어가 된다.	見る → 見られる → 見られます 食べる → 食べられる → 食べられます 着る → 着られる → 着られます 寝る → 寝られる → 寝られます
불규칙 동사	무조건 외운다.	くる → こられる → こられます する → される → されます

수동형은 익숙하지 않으므로 한국어의 능동형으로 고쳐서 약간 피해의식의 느낌
이 담긴 해석을 하면 된다.

대표적으로 다음과 같은 문장을 들 수 있다.

雨に 降られて ➡ 雨が 降って(비가 내려서)

            ➡ 비를 맞았다는 뜻.

母に 死なれて ➡ 母が 死んで(어머니가 돌아가셔서)

            ➡ 부모를 여읜 슬픔과 괴로움을 나타내는 뜻.

赤ちゃんに 泣かれて ➡ 赤ちゃんが 泣いて(아기가 울어서)

            ➡ 잠을 못자 피곤하다는 뜻.

2 수동태 외의 의미(가능, 존경, 자발)

수동형은 수동 외에도 '가능, 존경, 자발'의 의미를 표현할 때에도 사용한다.

가능 : 朝 早く 起きられますか。

     (아침 일찍 일어날 수 있나요?)

존경 : 先生は 休みに 何を されますか。

     (선생님은 휴일에 무엇을 하십니까?.)

자발 : 富士山の 絵を 見ると、故郷が 思い出されます。

     (후지 산의 그림을 보니, 고향이 생각납니다.)

2. 〜し(〜하고, 〜이고)

'〜し'는 나열을 나타내는 접속조사로써, '〜し' 앞에 각 품사의 종지형이 온다.
종지형에는 현재형(기본형)과 과거형(〜た)이 모두 포함되어 있다.

のども 痛いし、熱も あるし、風邪でしょうね。

(목도 아프고, 열도 나고, 감기겠지요.)

病院へ 行ったし、薬も 飲んだし、今日は 早く 寝ます。

(병원에 갔고, 약도 먹고, 오늘은 빨리 자겠습니다.)

3. 〜たら(〜하면)

'〜た'형에 'ら'를 붙여서 가정조건 형으로 사용한다. '〜たら'의 뒤 문장에는 권유,
명령, 추측 등을 나타내는 문장이 온다.

ぐっすり 寝たら、よくなる と思います。

(푹 자면, 좋아질 거라고 생각합니다.)

お酒を 飲んだら、早く 寝た方がいいです。

(술을 마시면, 일찍 자는 게 좋습니다.)

あの 喫茶店へ 行ったら、かき氷を 食べて みて ください。

(저 찻집에 가면, 빙수를 먹어 보세요.)

4. 경어표현

　일본어의 경어는 존경어 외에도 자신을 낮추어 상대방을 높여주는 겸양어가 있다. 또한 어떠한 틀에 넣어서 경어를 만드는 정형화된 것도 있다. 존경어는 「お ます形(명사) ＋ になる」, 겸양어는 「お ます形(명사) ＋ する(いたす)」이다. 경어를 살펴보도록 한다.

동사	존경어	겸양어
行く 来る いる	いらっしゃる おいでになる	まいる
		おる
言う	おっしゃる(말씀하시다)	申す(말씀드리다)
する	なさる(하시다)	いたす(드리다)
食べる 飲む	めしあがる(드시다)	いただく
見る	ごらんになる(보시다)	拝見する
もらう(받다)		いただく
くれる(주다)	くださる(주시다)	
あげる(주다)		さしあげる(올리다)
寝る(자다)	お休みになる(주무시다)	
会う		お目にかかる(뵙다)
聞く(묻다) 訪ねる(묻다, 방문하다)		うかがう(여쭙다, 찾아뵙다)

5. 기타 경어 표현

1 존경어

「お + 〜ます形 + になる」 ➡ お買(か)いになる(사시다), お話(はなし)になる(이야기하시다)

「ご + (한자) + になる」 ➡ ご質問(しつもん)になる(질문하시다), ご出発(しゅっぱつ)になる(출발하시다)

2 겸양어

「お + 〜ます形 + する(いたす)」 ➡ お持(も)ちする(갖다 드리다)

お送(おく)りします(보내 드리다)

「ご + (한자) + する(いたす)」 ➡ ご案内(あんない)いたす(안내해 드리다)

お電話(でんわ)します(전화 드리다)

👆 **敬語를 나타내는 접두어 'お'와 'ご'의 사용법**

'お'는 일반적으로 일본어의 고유어(한자의 훈독이나 히라가나) 앞에 오고, 'ご'
는 한자어(음독) 앞에 오는 경향이 있다. 그러나 일본에서만 사용하는 고유
의 일본어인 お名前(なまえ)、お二人(ふたり)、お話(はなし)、お手紙(てがみ)、お国(くに)、お忙(いそが)しい、
お美(うつく)しい、お早(はや)い、お宅(たく)、お弁当(べんとう)、お仕事(しごと)、お元気(げんき)、お上手(じょうず)、お住(す)まい、
お勉強(べんきょう)、お部屋(へや)、お買(か)い物(もの)、 등처럼 한자어 앞에는 'お'가 온다. 'ご'는
ご連絡(れんらく)、ご出発(しゅっぱつ)、ご案内(あんない)、ご質問(しつもん)、ご家族(かぞく)、ご旅行(りょこう)、ご住所(じゅうしょ)、ご親切(しんせつ)、
ご丁寧(ていねい) 등의 한자어 앞에 오는데, 예외로 お時間(じかん)、お食事(しょくじ)、お電話(でんわ), 거꾸
로 'お' 자리에 'ご'가 오는 경우로 ご都合(つごう)、ご心配(しんぱい)、ごゆっくり등이 있다.

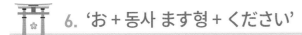 6. 'お + 동사 ます형 + ください'

이 표현은 '～て ください'보다 점잖고 높인 표현으로 서비스 시에 많이 사용하므로 꼭 익혀주기 바란다.

待って ください ➡ お待ち ください。(기다려 주세요)

しめて ください ➡ おしめ ください。(메 주세요, 닫아 주세요)

できる(할 수 있다)　　　母(はは)(어머니)　　　赤ちゃん(아기)

泣く(울다)　　　富士山(후지산, 일본에서 제일 높은 산)

絵(그림)　　　故郷(고향)　　　思い出す(생각나다)

熱(열)　　　ぐっすり(푹)　　　よくなる(좋아지다)

喫茶店(커피점, 카페)　　　かき氷(빙수)　　　質問(질문)

出発(출발)　　　送る(보내다)　　　案内(안내)

電話(전화)

한자쓰기

<ruby>降<rt>ふ</rt></ruby>る	降る	降る
<ruby>風<rt>か</rt>邪<rt>ぜ</rt></ruby>	風邪	風邪
<ruby>病<rt>びょう</rt>院<rt>いん</rt></ruby>	病院	病院
<ruby>鼻<rt>はな</rt>水<rt>みず</rt></ruby>	鼻水	鼻水
<ruby>悪<rt>わる</rt></ruby>い	悪い	悪い
<ruby>泣<rt>な</rt></ruby>く	泣く	泣く
<ruby>故<rt>こ</rt>郷<rt>きょう</rt></ruby>	故郷	故郷
<ruby>思<rt>おも</rt></ruby>い<ruby>出<rt>だ</rt></ruby>す	思い出す	思い出す
<ruby>喫<rt>きっ</rt>茶<rt>さ</rt>店<rt>てん</rt></ruby>	喫茶店	喫茶店
<ruby>質<rt>しつ</rt>問<rt>もん</rt></ruby>	質問	質問

본문쓰기

```
┌─────────────────────────────────────────┐
│  基本会話                                  │
│                                           │
│                                           │
│                                           │
│                                           │
│                                           │
│                                           │
│                                           │
│                                           │
│                                           │
└─────────────────────────────────────────┘
```

```
┌─────────────────────────────────────────┐
│  機内会話                                  │
│                                           │
│                                           │
│                                           │
│                                           │
│                                           │
│                                           │
│                                           │
│                                           │
│                                           │
└─────────────────────────────────────────┘
```

연습문제

1 다음 문장을 수동형으로 고치고 해석하시오.

(1) 友_{とも}だちが 誘_{さそ}う →

(2) 母_{はは}が 死_しぬ →

(3) 先生_{せんせい}が 叱_{しか}る →

(4) 赤_{あか}ちゃんが なく →

(5) 父_{ちち}が ほめる →

2 다음 단어를 'お + ます형 + ~になる'와 'ご(お) + 漢字 + になる'에 맞게 활용하여 붙여서 경어를 만들고 해석하시오.

(1) 待つ →

(2) 休む →

(3) 飲む →

(4) 質問_{しつもん} →

3 다음 동사를 'お + ます형 + する'와 'ご(お) + 漢字 + する'에 활용하여 붙여서 겸양어를 만들고 해석하시오.

(1) 持つ →

(2) 伝える →

(3) 案内 →

4 다음 동사를 'お + 동사 ます형 + ください'의 표현으로 고치시오.

(1) 待つ →

(2) 書く →

(3) しめる →

5 일작하시오.

(1) 목이 마르고 배도 고파서 일찍 집으로 돌아갔습니다.

(2) 그 영화를 보면 꼭 감상을 말해주세요.

(3) 약을 먹고 잤습니다.

(4) 전화 드릴까요?

^{さそ}
誘う(권하다)   しかる(혼내다)   ほめる(칭찬하다)

^{つた}
伝える(전하다)   かわく(마르다)   おなかが すく(배가 고프다)

^{かんそう}
感想(감상)   必ず(꼭, 반드시)

항공
일본어회화

Aviation
Japanese Conversation

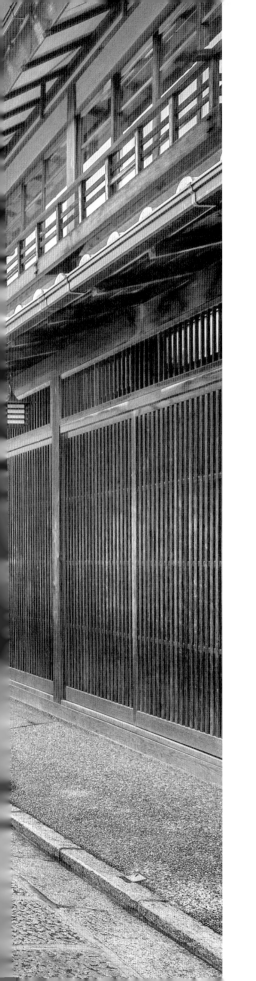

附錄

Announcement 6

Service Conversation 33

基本會話와 機內會話 번역

연습문제정답

단어와 한자

항공일본어회화

ANN 6

1. PREPARATION FOR DEPARTURE

2. WELCOME

3. MOVIE

4. TURBULENCE 1차

5. LANDING

6. FAREWELL

시간읽기

1時(いちじ)　　2時(にじ)　　3時(さんじ)　　4時(よじ)

5時(ごじ)　　6時(ろくじ)　　7時(しちじ)　　8時(はちじ)

9時(くじ)　　10時(じゅうじ)　　11時(じゅういちじ)　　12時(じゅうにじ)

1分(いっぷん)　　2分(にふん)　　3分(さんぷん)　　4分(よんぷん)

5分(ごふん)　　6分(ろっぷん)　　7分(ななふん)　　8分(はっぷん)

9分
(きゅうふん)　　10分
(じゅっぷん)　　30分
(半,はん,반)
(さんじゅっぷん)　　10分 前
(じゅっぷん まえ)

항공편명(FLIGHT NO.) 읽기

항공편명은 한국어와 영어로 읽는 것처럼 숫자를 한 자리 단위로 끊어서 읽으며, '0'은 'まる' 또는 'ゼロ'로 읽는다.

473 편 : よん なな さん 便(びん)

704 편 : なな まる よん 便(びん) or なな ぜろ よん 便(びん)

001 편 : まる まる いち 便(びん) or ぜろ ぜろ いち 便(びん)

082 편 : まる はち　に 便(びん) or ぜろ はち　に 便(びん)

일본의 도시 읽기

한자	일본어	한국어
青森	あおもり	아오모리
秋田	あきた	아키타
札幌(千歳)	さっぽろ(ちとせ)	삿포로(치토세)
静岡	しずおか	시즈오카
福岡	ふくおか	후쿠오카
広島	ひろしま	히로시마
函館	はこだて	하코다테
東京(羽田)	とうきょう(はねだ)	도쿄(하네다)
東京(成田)	とうきょう(なりた)	도쿄(나리타)
新潟	にいがた	니가타
大阪(関西)	おおさか(かんさい)	오사카(간사이)
名古屋	なごや	나고야
長崎	ながさき	나가사키
沖縄	おきなわ	오키나와
仙台	せんだい	센다이

1. PREPARATION FOR DEPARTURE

みなさま

ひこうき
この飛行機は、（　　　　）びん（　　　　）ゆきでございます。

とうき　　　　　　　　　しゅっぱつ
當機は、　まもなく　　出発　いたします。

てにもつ　　うえ　　　　　　　　　ざせき　　した　　い
お手荷物は、上のたな　または、お座席の　下に　お入れくださいませ。

ざせき
また　お座席の　べるとを　おしめくださいませ。

2. WELCOME

みなさま、おはようございます。（こんにちは・こんばんは）

1

ほんじつも　すかいらいん　めんばーの　한국　えあーを

ご利用いただきまして、まことに　ありがとうございます。
（りよう）

みなさまの　ご搭乗を　こころより　かんげい　いたします。
（とうじょう）

2

ご搭乗の　みなさま　おはようございます。
（とうじょう）

いつも　すかいらいん　めんばーの　한국　えあーを

ご利用くださいまして、まことに　ありがとうございます。
（りよう）

この飛行機は、（　　　　）びん（　　　　　）ゆきでございます。
（ひこうき）

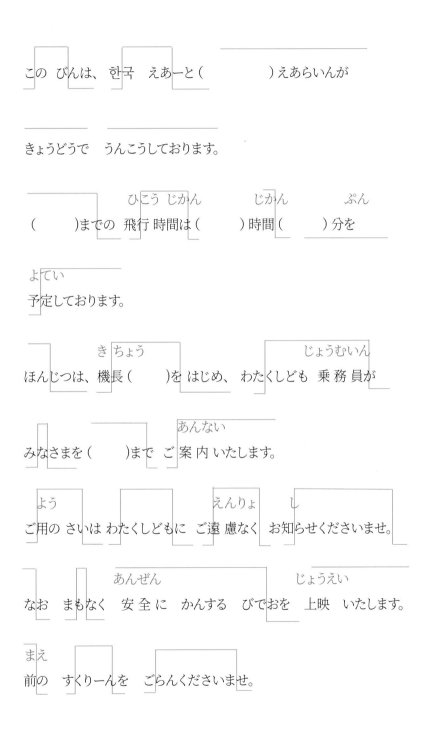

この びんは、한국　えあーと(　　　　)えあらいんが

きょうどうで　うんこうしております。

(　　　)までの　飛行時間は(　　　)時間(　　　)分を

予定しております。

ほんじつは、機長(　　　)を　はじめ、わたくしども　乗務員が

みなさまを(　　　)まで　ご案内いたします。

ご用の さいは わたくしどもに　ご遠慮なく　お知らせくださいませ。

なお　まもなく　安全に　かんする　びでおを　上映いたします。

前の　すくりーんを　ごらんくださいませ。

3. MOVIE

みなさま、まもなく　映画を　上映　いたします。

ほんじつの　映画は　（　　　）と　（　　　）でございます。

なお、にほんめの　映画は、　お食事 の あとに　上映 いたします。

おそれいりますが、まどの　ぶらいんどを　おしめくださいませ。

なお　きゅうな　気流の　変化に　そなえ、

お座席 に　おつきの　さいには、

しーとべるとを おしめくださいませ。

4. TURBULENCE 1차

みなさま

ただいま　気流の不安定なところを通過しております。
（きりゅう　ふあんてい　つうか）

しーとべるとを　しっかりと　おしめくださいませ。

べると　着用の　さいんが　きえますまで
（ちゃくよう）

いましばらく　お座席にて　お待ちくださいませ。
（ざせき　ま）

なお　そのあいだの　お手洗いの　ごしようは　ごえんりょ　くださいませ。
（てあら）

5. LANDING

みなさま、この飛行機（ひこうき）は、まもなく 着陸（ちゃくりく） いたします。

お座席（ざせき） と てーぶるを もとの 位置（いち）に おもどしになり、

しーとべるとを しっかりと おしめくださいませ。

ただいまより すべての 電子機器（でんしきき）は ご使用（しよう）に なれません。

電源（でんげん）を お切り（き）くださいますよう おねがいいたします。

6. FAREWELL

みなさま、ただいま ＿＿＿＿ 空港に 到着 いたしました。
<ruby>くうこう<rt></rt></ruby> <ruby>とうちゃく<rt></rt></ruby>

現地時間は 午前(午後) ＿＿＿＿ 時 ＿＿＿＿ 分でございます。
げんち じかん　ごぜん (ごご)　　じ　　ぷん

1
みなさま、ほんじつも すかいらいん めんばーの 한국 えあーを

ご利用くださいまして ありがとうございました。

また 近いうちに みなさまと お目にかかれますよう

乗務員 いちどう お待ちいたして おります。

2
ご搭乗の みなさま、今日も 한국 えあーを

ご利用 いただきまして ありがとうございました。

わたくしども 乗務員 いちどう みなさまの またの おこしを

こころより おまちいたしております。

ご搭乗 ありがとうございました。

 SERVICE CONVERSATION 33

PASSENGER BOARDING

1

C・A：おはようございます。搭乗券を お見せください。

お客様：はい、どうぞ。

C・A：ありがとうございます。奥の方へ お進みください。

2

C・A：いらっしゃいませ。お座席は 何番でしょうか。

お客様：56-Bです。

C・A：はい、こちらの 通路側です。

お客様：ありがとう。

お客様A：すみません。誰か 私の席に 座ってますよ。

C・A：そうですか。搭乗券を 見せて いただけますか。

お客様A：32-Aですよ。どうぞ。

（32-Aに座っているお客さまBに行く）

3

C・A：お客さま、搭乗券を お見せください。

お客様B：どうしてですか？はい、これ。

C・A：お客さま、ここは 32-Aです。

　　　　お客さまの お座席は 33-A、この 後ろですね。

　　　　移動して いただけますか。

お客様B：あ、それは すみません。わかった。

C・A：ありがとうございます。

BEFORE TAKE OFF

4

C·A：お客さま、これ、お客さまの お荷物でしょうか。

お客様：ええ、そうですけど。

C·A：おそれいりますが、
安全のため、お荷物は 上のたな、
または お座席の下に お入れください。

お客様：あ、そうですか。そうしましょう。

C·A：ご協力、ありがとうございます。

5

お客様：あの、ビール ください。

C·A：すみません。
飛行機が 離陸してから サービス いたします。
もう しばらく お待ちください。

6

お客様：すみません。
イレへ 行っても いいですか。

C·A：まもなく 離陸しますので
おいそぎください。

お客様：はい。すぐ 行って きます。

7

お客様：読売新聞は ないの。

C·A：もうしわけございません。
読売新聞は 全部 出ております。
朝日新聞は いかがでしょうか。

お客様：朝日新聞 ちょうだい。

C·A：はい、どうぞ。

BEFORE TAKE OFF

8

C・A：お客さま、まもなく 離陸します。

シートベルトを おしめください。

お座席と テーブルも

もとの 位置に おもどしください。

お客様：はい。

9

C・A：お客さま、イヤホーンです。どうぞ。

お客様：私は 買わない。

C・A：あ、イヤホーンは ただでございます。

お使い ください。どうぞ。

お客様：ありがとう。

BEVERAGE & MEAL SVC

10

C・A：お客さま、タオルです。

熱いですから、お気を つけて ください。

お客様：ありがとう。

11

C・A：お客さま、おのみものは 何に なさいますか。

ビール、カクテル、ジュース、

ソフトドリンク などが ございます。

お客様：それじゃ、あさひビール 2本 ください。

C・A：かしこまりました。どうぞ。

BEVERAGE & MEAL SVC

12

C・A：お客さま、おのみものは いかがでしょうか。
　　　ビール、カクテル、ジュースなどが ございます。
お客様：マンゴ ジュース ください。
C・A：もうしわけございません。
　　　マンゴ ジュースは のせて おりません。
　　　代わりに パイナップル ジュースは いかがでしょうか。
お客様：ええ、ください。

13

C・A：お客さま、お食事です。
　　　テーブルを あけて ください。どうぞ、ビビンバです。
お客様：はい、ありがとう。これ、どうやって 食べるんですか。
C・A：はい、ボールに ごはんと ごまあぶら、
　　　こちゅうじゃんを いれて、まぜて、
　　　おめしあがりください。
　　　どうぞ、ごゆっくり。

14

C・A：お客さま、お食事です。
お客様：私は いらない。
　　　おなか すいてないから、けっこうです。
C・A：お食事は 後では サービス できないんですけど,
　　　ろしいでしょうか。
お客様：いいですよ。いらない。
C・A：かしこまりました。

15

C・A：お客さま、お食事です。
　　　ビーフと チキンと どちらに なさいますか。
お客様：私は チキン ください。ワインも くださいね。
C・A：はい、チキンです。どうぞ。
　　　ワインは 赤と 白が ございます。
お客様：白、ください。

IN FLIGHT SALES

16

Ｃ・Ａ：免税品です。

お客様：何が ありますか。

Ｃ・Ａ：はい、お酒や おたばこ、香水、
化粧品 などが ございます。

17

Ｃ・Ａ：免税品は いかがでしょうか。

お客様：ジョニグロ 2本 ください。

Ｃ・Ａ：すみません。ジョニグロは 全部 でて しまいました。
レミーマーティンは いかがでしょうか。

お客様：じゃ、それを 2本 ちょうだい。

Ｃ・Ａ：はい、わかりました。

18

Ｃ・Ａ：お客さま、ブルガリ ひとつですね。62ドルです。

お客様：はい、100ドル。

Ｃ・Ａ：100ドル いただきました。
38ドルの お返しです。どうぞ。

お客様：ありがとう。

19

Ｃ・Ａ：お客さま、ディオール コンパクトは
ひとつ 49,000ウォンです。ふたつですから,
98,000ウォンです。おしはらいは ウォンですか。

お客様：はい、10万ウォン。

Ｃ・Ａ：2,000ウォンの お返しと コンパクトです。どうぞ。

お客様：ありがとう。

MOVIE

20

C・A：お客さま、まもなく 映画を 上映 致します。

窓の ブラインドを おしめ ください。

お客様：私は 本が 読みたいんですけど。

C・A：それでしたら、

リーディング ライトを つけて ください。

この ボタンで 操作 できます。

お客様：ありがとう。

21

お客様：すみません。イヤホーンが 故障みたい。

音が 出ませんね。

C・A：そうですか。

ほかの イヤホーンを おもちいたします。

(持ってくる)

お客さま、これを 使って ください。

ご迷惑を おかけして もうしわけございません。

お客様：どうも。

ENTRY DOCUMENTS

22

C・A：お客さま、入国 しょるいです。

お客様：これ、書かないと いけないんですか。

C・A：はい、韓国で おおりの お客さまは,

　　　　かならず お書きください。

　　　　おひとり 1まい ずつ お書きください。

23

C・A：お客さま、税関 申告書です。

お客様：家族が いますけど。

C・A：そうでしたら、

　　　　ご家族に 1まいで けっこうです。

24

C・A：お客さま、税関 申告書です。

お客様：申告する ものが ないけど。

C・A：申告する ものが なくても、お書き ください。

MISCELLANEOUS

25

お客様：すみません。ホノルルは 今 何時ですか。

C・A：はい、ホノルルは 月曜日の 朝 7時20分です。

お客様：えっ！出発した 曜日と おなじなの。

C・A：はい、そうです。

韓国と ホノルルの 時差は 19時間です。

韓国が 早いです。

26

お客様：ね～この 飛行機、だいじょうぶなの？

C・A：はい、少し ゆれて おりますが、ご安心ください。

ベルトを しっかりと おしめ くださいませ。

27

お客様：ね！今、この 飛行機、どこを 飛んでるの。

C・A：そうですね。聞いて みます。

少々 お待ちください。

お客さま、ただいま ベルリーンを

とおって おります。

あと 40分ほどで ロンドンに 到着 いたします。

28

お客様：すみません。

ちょっと おなかが いたいんですけど。

C・A：あ、そうですか。たいへんですね。

機内に しょうかざいと せいろうがんを

用意して おります。

お薬を おもちしましょうか。

お客様：しょうかざいを おねがいします。

C・A：はい、すぐ おもちいたします。(薬を持ってくる)

お客さま、しょうかざいです。どうぞ。お大事に。

MISCELLANEOUS

29

Ｃ・Ａ：お客さま、お腹の ぐあいは いかがでしょうか。
　　　少し よく なりましたか。

お客様：はい、すっかり よくなった。ありがとう。

Ｃ・Ａ：それは よかったですね。
　　　ほかに ご用が ございましたら、
　　　いつでも お呼び くださいね。

お客様：ありがとう。

Ｃ・Ａ：どういたしまして。

30

Ｃ・Ａ：お客様、機内では 禁煙でございます。
　　　おたばこは ご遠慮 ください。

お客様：あ、そう！わかりました。

31

お客様：すみません。コックピットを 拝見したいけど。

Ｃ・Ａ：おそれいります。
　　　コックピットの 立ち入りは 禁じられて おります。
　　　ご了承くださいませ。

32

お客様：あの、空港から 江南まで
　　　バスで どのくらい かかりますか。

Ｃ・Ａ：はい、江南までは
　　　バスで 1時間ぐらい かかると おもいます。

お客様：ありがとう。

33

お客様：ソウルで 有名な ところは どこですか。

Ｃ・Ａ：はい、たくさん ありますけど、
　　　市内の ミョンドンとか 光化門、
　　　それから 南山も あります。

お客様：ありがとう。

Ｃ・Ａ：ソウルで どうぞ 楽しい ご旅行を。
　　　ご搭乗 ありがとうございました。

PASSENGER BOARDING 한국어 해석

1

C·A : 안녕하십니까? 탑승권을 보여 주십시오.

お客様 : 네, 여기요.

C·A : 감사합니다. 안쪽으로 들어가 주세요.

2

C·A : 어서 오세요, 좌석은 몇 번인가요?

お客様 : 56-B입니다.

C·A : 네, 이쪽 통로쪽입니다.

お客様 : 고마워요.

3

お客様A : 저기요.　누가 제 자리에 앉았는데요.

C·A : 그렇습니까? 탑승권 보여 주시겠습니까?

お客様A : 32-A이에요. 여기요.

(32-A에 앉아 있는 승객B에게 간다.)

C·A : 손님, 탑승권을 보여 주시겠습니까?

お客様B : 왜요? 네, 여기요.

C·A : 손님 여기는 32-A이에요.

손님 좌석은 33-A、 이 뒤네요

이동해 주시겠습니다.

お客様B : 아, 그거 참, 미안합니다. 알았어요.

C·A : 감사합니다.

BEFORE TAKE OFF

4

C・A : 손님, 이거, 손님 짐이신가요?

お客様 : 네, 그런데요.

C・A : 죄송하지만, 안전을 위해 짐은 위 선반,
또는 좌석 아래에 넣어 주세요.

お客様 : 아, 그래요? 그렇게 할게요.

C・A : 협조해 주셔서 감사합니다.

5

お客様 : 저, 맥주 주세요.

C・A : 죄송합니다. 비행기가 이륙하고 나서
서비스해 드리겠습니다.
조금만 더 기다려 주십시오.

6

お客様 : 저기요. 화장실에 가도 되나요?

C・A : 곧 이륙하오니 서둘러 주세요.

お客様 : 네. 금방 다녀 올게요.

7

お客様 : 요미우리 신문은 없어요?

C・A : 죄송합니다.
요미우리 신문은 다 나갔습니다.
아사히 신문은 어떠신지요?

お客様 : 아사히 신문 줘요.

C・A : 네, 여기 있습니다.

BEFORE TAKE OFF

8

　C·A : 손님, 곧 이륙하겠습니다.
　　　　벨트를 매 주세요.
　　　　좌석과 테이블도
　　　　원 위치로 돌려놓아 주세요.
お客様 : 네.

9

　C·A : 손님, 이어폰입니다. 받으세요.
お客様 : 난 안 사요.
　C·A : 아, 이어폰은 무료입니다.
　　　　사용하시기 바랍니다. 받으세요.
お客様 : 고마워요.

BEVERAGE & MEAL SVC

10

　C·A : 손님, 타올입니다.
　　　　뜨거우니까 조심하세요.
お客様 : 고마워요.

11

　C·A : 손님, 음료는 무엇으로 하시겠습니까?
　　　　맥주, 칵테일, 주스,
　　　　소프트 드링크 등이 있습니다.
お客様 : 그럼, 아사히 맥주 두 개 주세요.
　C·A : 알겠습니다. 여기 있습니다.

BEVERAGE & MEAL SVC

12

C·A : 손님, 음료 하시겠습니까?
　　　맥주, 칵테일, 주스 등이 있습니다.
お客様 : 망고 주스 주세요.
C·A : 죄송합니다. 망고 주스는 실리지 않습니다.
　　　대신 파인애플 주스는 어떠십니까?
お客様 : 예, 주세요.

13

C·A : 손님, 식사입니다.
　　　테이블을 열어 주세요. 여기요, 비빔밥입니다.
お客様 : 네, 고마워요. 이거 어떻게 먹어요?
C·A : 네, 그릇에 밥과 참기름, 고추장을 넣어서
　　　섞어서 드십시오. 맛있게 드십시오.

14

C·A : 손님, 식사입니다.
お客様 : 저는 필요 없어요. 배 안 고프니까, 됐어요.
C·A : 나중에 식사 서비스가 안 되는데, 괜찮으세요?
お客様 : 괜찮아요. 필요 없어요.
C·A : 알겠습니다.

15

C·A : 손님, 식사입니다.
　　　비프와 치킨 중 어느 것으로 하시겠습니까?
お客様 : 저는 치킨 주세요. 와인도 주시고요.
C·A : 네, 치킨입니다. 여기 있습니다.
　　　와인은 레드와 화이트가 있습니다.
お客様 : 화이트 주세요.

IN FLIGHT SALES

16

C · A : 면세품입니다.

お客様 : 뭐가 있어요?

C · A : 네, 술이나 담배, 향수, 화장품 등이 있습니다.

17

C · A : 면세품은 어떠십니까?

お客様 : 조니 워커 두 병 주세요.

C · A : 죄송합니다. 조니 워커는 다 떨어졌습니다.

레미 마틴은 어떠십니까?

お客様 : 그럼, 그거 두 병 주세요.

C · A : 네, 알겠습니다.

18

C · A : 손님, 불가리 한 개시죠? 62달러입니다.

お客様 : 네, 100달러.

C · A : 100달러 받았습니다.

38달러 거스름돈입니다. 여기 있습니다.

お客様 : 고마워요.

19

C · A : 손님, 디올 콤팩트는 한 개 49,000원입니다.

두 개니까 98,000원이네요.

지불은 원화로 하시나요?

お客様 : 네, 10만원.

C · A : 거스름돈 2,000원과 콤팩트입니다. 여기요.

お客様 : 고마워요.

MOVIE

20

C · A : 손님, 잠시 후 영화를 상영하겠습니다.
창문의 블라인드를 닫아 주십시오.
お客様 : 나는 책을 읽고 싶은데요
C · A : 그러시다면,
독서등을 켜 주세요.
이 버튼으로 조작하실 수 있습니다.
お客様 : 고마워요.

21

お客様 : 저기요. 이어폰이 고장난 것 같은데.
소리가 안 나네요.
C · A : 그렇습니까?
다른 이어폰을 갖다 드리겠습니다.
(가지고 온다.)
손님, 이것을 사용해 주십시오.
불편을 끼쳐드려서 죄송합니다.
お客様 : 고마워요.

ENTRY DOCUMENTS

22

C·A : 손님, 입국서류입니다.

お客様 : 이거, 쓰지 않으면 안 돼요?

C·A : 네, 한국에서 내리시는 손님은
　　　반드시 작성해 주세요.
　　　한분에 한 장씩 써 주십시오.

23

C·A : 손님, 세관 신고서입니다.

お客様 : 가족이 있는데요.

C·A : 그러시다면,
　　　한 가족 당 한 장이면 됩니다.

24

C·A : 손님, 세관 신고서입니다.

お客様 : 신고할 게 없는데.

C·A : 신고할 것이 없어도 작성해 주세요.

MISCELLANEOUS

25
お客様 : 저기요. 호놀룰루는 지금 몇 시지요?
C・A : 네, 호놀룰루는 월요일 아침 7시 20분입니다.
お客様 : 에! 출발한 요일과 같아요?
C・A : 네, 그렇습니다.
한국과 호놀룰루의 시차는 19시간입니다.
한국이 빠르지요.

26
お客様 : 저기… 이 비행기, 괜찮은 거죠?
C・A : 네, 조금 흔들리고 있습니다만, 안심해 주세요.
벨트를 꽉 매 주십시오.

27
お客様 : 저기, 지금 이 비행기 어디를 날고 있죠?
C・A : 글쎄요. 물어 보고 오겠습니다.
잠시 기다려 주십시오.
손님, 방금 베를린을 통과하고 있습니다.
앞으로 40분 정도면 런던에 도착합니다.

28
お客様 : 저기요. 좀 배가 아픈데요.
C・A : 아, 그러세요? 힘드시겠네요.
기내에 소화제와 정로환이 준비되어 있어요.
약을 갖다 드릴까요?
お客様 : 소화제를 부탁할게요.
C・A : 네, 곧 갖다 드리겠습니다.(약 가져오다)
손님, 소화제입니다. 드세요. 쾌차하세요.

29
C・A : 손님, 배 아프신 것은 좀 어떠세요?
조금 좋아지셨나요?
お客様 : 네, 완전히 좋아졌어요. 고마워요.
C・A : 정말 다행이네요.
다른 볼일이 있으시면 언제든지 불러주세요.
お客様 : 고마워요.
C・A : 천만에요.

MISCELLANEOUS

30
　C · A : 손님, 기내에서는 금연입니다.
　　　　 담배는 삼가주십시오.
お客様 : 아, 그래요! 알았어요.

31
お客様 : 저기요. 조종실을 보고 싶은데요.
　C · A : 죄송합니다.
　　　　 조종실 출입은 금지되어 있습니다.
　　　　 양해해 주시기 바랍니다.

32
お客様 : 저, 공항에서 강남까지 버스로
　　　　 어느 정도 걸립니까?
　C · A : 네, 강남까지는 버스로
　　　　 한 시간 정도 걸릴 거라고 생각합니다.
お客様 : 고마워요.

33
お客様 : 서울에서 유명한 곳은 어디입니까?
　C · A : 네, 많이 있습니다만, 시내 명동이나
　　　　 광화문 그리고 남산도 있습니다.
お客様 : 고마워요.
　C · A : 서울에서 부디 즐거운 여행되시길 바랍니다.
　　　　 탑승해 주셔서 감사합니다.

항공
일본어회화

 基本会話와 機內会話 번역

제3과

基本會話

다나카 : 처음 뵙겠습니다. 저는 다나카입니다.
아무쪼록 잘 부탁드립니다.
이 : 처음 뵙겠습니다. 저는 李입니다.
저야말로 잘 부탁드립니다.
다나카 : 李 さん은 중국 사람입니까?
이 : 아니오, 저는 중국 사람이 아닙니다. 한국 사람입니다.
다나카 : 그렇습니까? 대학생입니까?
이 : 네, 한국대학교 일학년입니다.

機內會話

C · A : 어서 오십시오. 탑승권을 부탁합니다.
손 님 : 여기요. 제 자리는 어디에요?
C · A : 네, 오른쪽으로 들어가 주세요.

제4과

基本會話

나카무라 : 이것은 무엇입니까?
김 : 그것은 일본어 책입니다.

나카무라 : 저것도 일본어 책입니까?

　　　김 : 아니오, 저것은 한국어 잡지입니다.

나카무라 : 전부 김さん 것입니까?

　　　김 : 아니오, 일본어 책은 제 것이고,

　　　　　 한국어 잡지는 친구 것입니다.

機內會話

손　님 : 저기요. 아사히신문 주세요.

C·A : 죄송합니다. 아사히신문은 전부 다 나갔습니다.

　　　　대신에 마이니치신문은 어떠십니까?

손　님 : 그럼, 마이니치신문 주세요.

C·A : 네, 여기 있습니다.

 제5과

基本會話

무라야마 : 박 さん, 당신의 생일은 언제입니까?

　　　박 : 7월 19일입니다. 무라야마 씨는요?

무라야마 : 나는 9월 10일입니다. 어제였습니다.

　　　박 : 아, 정말이요? 축하드립니다.

무라야마 : 감사합니다.

機內會話

C·A : 이거, 손님 짐이십니까?

손 님 : 예, 그런데요.

C·A : 죄송합니다만, 짐은 위 선반 또는 좌석 아래에
　　　넣어주십시오.

제6과

基本會話

야마다 : 그 가방, 매우 예쁘네요. 비쌉니까?

　　김 : 아니오, 별로 비싸지 않습니다.

야마다 : 얼마였어요?

　　김 : 세일해서 3천 엔이었습니다.

야마다 : 세일은 언제까지예요?

　　김 : 이번 주 금요일, 오후 9시까지예요.

機內會話

C·A : 손님, 곧 이륙하겠습니다. 벨트를 매 주십시오.
　　　또한 좌석과 테이블을 원래 위치로
　　　돌려놓아 주십시오.

손 님 : 네.

제7과

基本會話

다야마 : 어제 레스토랑은 어땠습니까?

이 : 예, 매우 멋있고, 예쁜 가게였습니다.

다야마 : 맛은 어떠셨습니까?

이 : 굉장히 맛있었어요.

다야마 : 그래요? 다행이네요.

이 : 네, 직원도 상냥하고 친절해서,

매우 즐거운 시간이었습니다.

機內會話

C · A : 손님, 음료는 무엇으로 하시겠습니까?

주스, 콜라, 맥주 등이 있습니다.

손 님 : 맥주 한 병 주세요.

C · A : 알겠습니다. 여기 있습니다.

제8과

基本會話

야마무라 : 일요일은 무엇을 합니까?

박 : 일본어 공부를 합니다. 그리고 TV도 봅니다.

야마무라 : 항상 어떻게 공부합니까?

박 : 영화나 드라마를 보면서 공부합니다.

야마무라 : 그럼 다음 주 일요일,

영화를 보러 가지 않겠습니까?

박 : 좋고말고요.

機內會話

C · A : 손님, 식사입니다. 소고기와 닭고기가 있습니다.

손 님 : 소고기 주세요.

C · A : 네, 와인은 어떠십니까? 레드와 화이트가 있습니다.

손 님 : 레드와인 줘요.

C · A : 알겠습니다. 여기 있습니다.

제9과

基本會話

나카타 : 아침밥을 먹었습니까?

김 : 아니오, 안 먹었습니다.

나카타 : 저도 안 먹었습니다. 늦잠을 잤어요.

김 : 브런치라도 먹으러 갈까요?

나카타 : 좋아요. 역 앞에 싸고 맛있는 레스토랑이 있습니다.

김 : 거기로 갑시다.

機內會話

C · A : 손님, 면세품입니다.

손　님 : 뭐가 있습니까?

C · A : 네, 술이나 담배, 향수, 화장품 등이 있습니다.

제10과

基本會話

여러분. 이쪽을 봐 주십시오.

제 이야기를 잘 들어 주세요.

이 용지에, 성함을 적고, 좋아하는 곳에 마크해 주세요.

그리고 제게 건네주고 나서, 돌아가 주십시오.

감사합니다.

機內會話

C · A : 손님, 곧 영화를 상영해 드리겠습니다.

　　　　 창문의 블라인드를 닫아 주십시오.

손　님 : 저는 책을 읽고 싶은데요.

C · A : 그러시면, 라이트를 켜 주십시오.

제11과

基本會話

무라야마 : 저기요.

이 전화를 사용해도 됩니까?

박 : 아, 그 전화는 사용해서는 안 됩니다.

이쪽 것은 괜찮습니다.

무라야마 : 그럼, 여기에서 음료수는 마셔도 됩니까?

박 : 아니오, 음료수는 마시지 말아 주세요.

무라야마 : 알겠습니다. 조심하겠습니다.

機內會話

C・A : 손님, 입국서류입니다.

손 님 : 이거, 안 쓰면 안 되나요?

C・A : 네, 한국에서 내리시는 손님께서는 반드시 써주세요.

한 분에 한 장씩 써 주세요.

제12과

基本會話

나카무라 : 케이크 먹을래?

　　이 : 안 먹어.

나카무라 : 주스 마실래?

　　이 : 안 마셔.

나카무라 : 왜 그래? 뭐 먹었어?

　　이 : 아니. 살찌니까, 안 먹어. 나, 날씬해지고 싶으니까.

機內會話

손　님 : 저기, 이 비행기, 지금 어딜 날고 있죠?

C · A : 네, 기장님에게 물어보겠습니다. 잠시 기다려 주세요.

　　　　손님, 지금 막 베를린을 통과하고 있습니다.

제13과

基本會話

다나카 : 신주쿠에 간 적이 있습니까?

　　김 : 네, 매우 번화해서, 여기저기 왔다 갔다 했습니다.

다나카 : 신주쿠에서 무엇을 했습니까?

　　김 : 친구와 함께 영화를 보거나,

밥을 먹거나, 쇼핑을 하거나 했습니다.

다나카 : 그렇습니까? 어떤 영화를 봤습니까?

　　김 : 아바타입니다. 아주 재밌었어요.

機內會話

Ｃ·Ａ : 손님, 두통은 어떠십니까?

손　님 : 네, 완전히 좋아졌어요. 고마워요.

Ｃ·Ａ : 정말 다행입니다.

　　　　다른 볼일이 있으시면 언제든지 불러 주십시오.

손　님 : 고마워요.

Ｃ·Ａ : 천만에요.

제14과

基本會話

야마다 : 일본어를 쓸 줄 압니까?

　　김 : 네, 쓸 줄 압니다.

야마다 : 일본어로 이야기할 줄도 압니까?

　　김 : 아니오, 이야기하는 것은 어려워서

　　　　조금밖에 못합니다.

야마다 : 아니에요, 이 정도 말할 줄 아니까

　　　　이 정도면 훌륭합니다.

　　김 : 감사해요.

機內會話

손 님 : 저기요. 조종실에 들어가도 됩니까?

C · A : 죄송합니다. 조종실 출입은 금지되어 있습니다.

손 님 : 아, 그래요. 속상하다.

제15과

基本會話

다나카 : 어제, 비를 맞아서, 감기를 걸렸습니다.

　　이 : 병원에 갔었어요?

다나카 : 네, 목도 아팠고, 콧물도 나왔기 때문에,

　　　　병원에 갔습니다.

　　이 : 그래서, 감기약은 먹었어요?

다나카 : 네, 먹었습니다.

　　이 : 약을 먹고, 푹 자면 괜찮아지겠지요.

機內會話

손 님 : 저, 좀 배가 아픈데요.

C · A : 소화제를 갖다 드릴까요?

손 님 : 부탁해요.

C · A : 네, 곧 갖다 드리겠습니다.

　　　　손님, 소화제입니다. 여기 있습니다.

　　　　몸 상태가 좋지 않으시면 또 불러 주십시오.

　　　　쾌차하세요.

항공
일본어회화

 연습문제 정답

3과

1.
はじめまして。

私は００大学の田中です。

どうぞよろしくお願いします。

2. (1) いいえ、大学生ではありません。日本語の 先生です。

(2) はい、会社員です。

(3) いいえ、私は 韓国人ではありません。中国人です。

3. (1) 私　　　　　(2) 先生　　　　　(3) 学生　　　　　(4) 日本語

(5) ちゅうごくじん　(6) だいがくせい　(7) かいしゃいん

(8) とうじょうけん

4. (1) はじめまして。　　　　　(2) こちらこそ よろしくお願いします。

(3) 私は 韓国人です。　　　　(4) 田中さんは 大学生ではありませんか。

(5) 朴さんは 英語の先生です。　(6) お客さま、搭乗券を おねがいします。

(7) みぎの方へどうぞ。

4과

1. (1) これは 新聞です。

(2) それは 机です。

(3) あれは 辞書です。

2. (1) この 本は 中村さんのです。

(2) その カメラは 山田さんのです。

(3) あの パソコンは 金さんのです。

3. (1) この ボールペンは 私ので、あの ペンは 先生のです。

(2) この 人は 私の 友だちで、あの 人も 私の 友だちです。

4. (1) しんぶん　　　(2) ざっし　　　　(3) 車　　　　　(4) 席

5. (1) あれは 韓国語の 本です。

(2) その 雑誌も 中村さんのですか。

(3) この 車は お父さんので、あの 自転車は 私のです。

(4) 読売新聞は いかがですか。

5과

1. (1) さんがつ なのか　　　　(2) ろくがつ にじゅうよっか

(3) くがつ ここのか　　　　(4) しがつ じゅうくにち

(5) しちがつ とおか　　　　(6) じゅうにがつ にじゅうごにち

(7) いちがつ ついたち　　　　(8) ごがつ いつか

(9) はちがつ にじゅうしちにち　　(10) じゅうがつ みっか

2. 私の 誕生日は5月21日です。(ごがつ にじゅういちにち)

3. (1) 何月　　　(2) 何日　　　(3) 明日　　　(4) 今日

(5) たんじょうび　(6) きのう　　(7) ざせき　　(8) にもつ

4. (1) 金さんの 誕生日は いつですか。

(2) おめでとうございます。

(3) 私の 誕生日は 昨日でした。

(4) お客さまの お荷物ですか。

(5) お座席の 下に お入れ ください。

6과

1. (1) おいしいです。おいしくありません。
   (2) やさしいです。やさしくありません。
   (3) いいです。よくありません。
   (4) 親切です。親切ではありません。
   (5) まじめです。まじめではありません。
2. (1) さんぜん ごひゃく 円
   (2) よんまん ろくせん はっぴゃく ウォン
   (3) ろっぴゃく ななじゅう きゅう ドル
3. (1) よじ じゅっぷん   (2) しちじ さんじゅっぷん
   (3) くじ じゅっぷんまえ   (4) ごじ よんじゅっぷん
   (5) じゅうにじ はん
4. (1) 高い   (2) 一つ   (3) きんようび   (4) えいが
5. (1) その かばんは いくらですか。   (2) あまり 高くありません。
   (3) 明日、何曜日ですか。   (4) 夏休みは 今週までです。
   (5) ベルトを おしめ ください。
   (6) もとの いちに おもどし ください。

7과

1. (1) おおきかったです、おおきくありませんでした、おおきくて
   (2) よかったです、よくありませんでした、よくて
   (3) いそがしかったです、いそがしくありませんでした、いそがしくて
   (4) つめたかったです、つめたくありませんでした、つめたくて
   (5) うれしかったです、うれしくありませんでした、うれしくて

(6) 上手でした、上手ではありませんでした、上手で

(7) 元気でした、元気ではありませんでした、元気で

(8) ひまでした、ひまではありませんでした、ひまで

(9) 大丈夫でした、大丈夫ではありませんでした、大丈夫で

(10) 心配でした、心配ではありませんでした、心配で

2. (1) 親切な 店員   (2) 有名な レストラン

     (3) きれいな 店   (4) いそがしい 時間

     (5) あつい 飲み物   (6) おいしい ジュース

     (7) つめたい ビール   (8) おもしろい 人

     (9) 大きい 本   (10) 好きな 料理

8과

1.

かう	かいます	かいません	かい
かく	かきます	かきません	かき
およぐ	およぎます	およぎません	およぎ
はなす	はなします	はなしません	はなし
まつ	まちます	まちません	まち
しぬ	しにます	しにません	しに
あそぶ	あそびます	あそびません	あそび
のむ	のみます	のみません	のみ
かえる	かえります	かえりません	かえり
みる	みます	みません	み
たべる	たべます	たべません	たべ
くる	きます	きません	き
する	します	しません	し

2. (1) 泳ぎながら 遊びます。   (2) 話しながら 来ます。

     (3) 食べながら 待ちます。   (4) 飲みながら 勉強します。

     (5) 買いに 行きます。   (6) 遊びに 行きます。

     (7) 飲みに来ます。   (8) 見に行きます。

3. (1) 来週の 木曜日, 何を しますか。   (2) テレビは いつも 見ますか。

     (3) ワインを 飲みながら 話します。   (4) 友だちに 会いに 日本へ 行きます。

9과

1.

買う	買いました	買いませんでした
書く	書きました	書きませんでした
泳ぐ	泳ぎました	泳ぎませんでした
話す	話しました	話しませんでした
待つ	待ちました	待ちませんでした
死ぬ	死にました	死にませんでした
遊ぶ	遊びました	遊びませんでした
飲む	飲みました	飲みませんでした
帰る	帰りました	帰りませんでした
見る	見ました	見ませんでした
食べる	食べました	食べませんでした
来る	来ました	来ませんでした
する	しました	しませんでした

2. (1) いきましょう(갑시다)   いきましょうか(갈까요?)

     (2) はなしましょう(이야기합시다)   はなしましょうか(이야기할까요?)

     (3) かえりましょう(돌아갑시다)   かえりましょうか(돌아갈까요?)

(4) あるきましょう(걸읍시다)　あるきましょうか(걸을까요?)

(5) はいりましょう(들어갑시다)　はいりましょうか(들어갈까요?)

3. (1) お昼 何を しましたか。

(2) コーヒーでも 飲みに 行きましょうか。

(3) 会社の 前に きれいで 静かな レストランが あります。

🌸 10과

1. (1) 会ってください　(2) 乗ってください　(3) 来てください　(4) 食べてください

(5) 話してください　(6) 歩いてください　(7) してください　(8) 寝てください

(9) 入ってください　(10) 行ってください

2. (1) 話　　　　　(2) 名前　　　　(3) 窓　　　　(4) ようし

(5) わたす　　　(6) じょうえい

3. (1) 五時まで 行きますから 待って ください。

(2) 勉強を してから お風呂に はいります。

(3) 昨日の 新聞を 読んで ください。

(4) 泳ぎを してから ごはんを たくさん 食べました。

(5) 水を 飲んでから また 走りました。

(6) 映画が 見たいです。

🌸 11과

1. (1) 書いても いいですか。써도 됩니까?

(2) 笑っても いいですか。웃어도 됩니까?

(3) 待っても いいですか。기다려도 됩니까?

(4) 走っても いいですか。 달려도 됩니까?

2. (1) 見ては いけません。 봐선 안 됩니다.

(2) 泳いでは いけません。 수영해선 안 됩니다.

(3) 乗っては いけません。 타선 안 됩니다.

(4) 行っては いけません。 가선 안 됩니다.

3. (1) 笑わないでください。 웃지 말아 주세요.

(2) 走らないでください。 뛰지 말아 주세요.

(3) 死なないでください。 죽지 말아 주세요.

(4) 帰らないでください。 돌아가지 말아 주세요.

(5) しないでください。 하지 말아 주세요.

(6) 来ないでください。 오지 말아 주세요.

4. (1) その 本を 読んでも いいですか。

(2) ここで たばこを すっては いけません。

(3) こちらの 椅子に 座っても いいです。

(4) 掃除を しないでください。

12과

1.

동사	～て	～た
買う	買って	買った
書く	書いて	書いた
泳ぐ	泳いで	泳いだ
話す	話して	話した
待つ	待って	待った
死ぬ	死んで	死んだ

遊ぶ	遊んで	遊んだ
飲む	飲んで	飲んだ
帰る	帰って	帰った
見る	見て	見た
食べる	食べて	食べた
来る	来て	来た
する	して	した

2. ⑴ あわない 안 만난다, 만나지 않는다.

⑵ おこらない 안 화난다, 화나지 않는다.

⑶ すわない 안 피운다, 피우지 않는다.

⑷ みない 안 본다, 보지 않는다.

⑸ すわらない 안 앉는다, 앉지 않는다.

⑹ わすれない 안 잊는다, 잊지 않는다.

⑺ はいらない 안 들어간다, 들어가지 않는다.

⑻ のらない 안 탄다, 타지 않는다.

⑼ やすまない 안 쉰다, 쉬지 않는다.

⑽ ねない 안 잔다, 자지 않는다.

3. ⑴ どうしたの?　　　　　　　⑵ なんか 見た(の)?

⑶ 彼に 会って みる?　　　　　⑷ たばこ すわないから

⑸ 彼女は 待たない。

13과

1. ⑴ 読んだ ことが ありますか。 읽은 적이 있습니까?

⑵ 調べた ことが ありますか。 조사한 적이 있습니까?

⑶ 会った ことが ありますか。 만난 적이 있습니까?

(4) 聞いた ことが ありますか。들은 적이 있습니까?

(5) 行った ことが ありますか。간 적이 있습니까?

2. (1) 映画を 見たり ごはんを 食べたり しました。

(2) テレビを 見たり 音楽を 聞いたり しました。

(3) 歌ったり 踊ったり します。

(4) 本を 読んだり 漫画を 読んだり します。

(5) 掃除したり 洗濯したり しました。

3. (1) さびしくなる　(2) すずしくなる　(3) こわくなる

(4) しずかになる　(5) きれいになる　(6) げんきになる

4. (1) とても おいしくて 明日 また 行きます。

(2) 日本の どこへ 行きましたか。

(3) あちこち 行ったり 来たり しました。

(4) ほかに ご用が ございましたら。

(5) いつでも お呼びください。

14과

1. (1) 行く ことが できます。(갈 수가 있습니다.)

(2) 洗う ことが できます。(씻을 수가 있습니다.)

(3) 作る ことが できます。(만들 수가 있습니다.)

(4) する ことが できます。(할 수가 있습니다.)

(5) 座る ことが できます。(앉을 수가 있습니다.)

(6) 歩く ことが できます。(걸을 수가 있습니다.)

(7) 見る ことが できます。(볼 수가 있습니다.)

(8) 食べる ことが できます。(먹을 수가 있습니다.)

(9) 泳ぐ ことが できます。(헤엄칠 수가 있습니다.)

(10) 遊ぶ ことが できます。(놀 수가 있습니다.)

2. (1) 入れる   (2) 歌える   (3) 洗濯できる   (4) 調べられる

     (5) 使える   (6) 見られる   (7) できる   (8) こられる

     (9) 死ねる   ⑩ 待てる

3. (1) 英語で 話す ことも できますか。

     (2) また 食べられますか。or また 食べる ことが できますか。

     (3) 明日まで 待つ ことも できます。

     (4) 韓国に 来る ことは できますか。

     (5) お酒は 少しも 飲む ことが できません。or お酒は 少しも 飲めません。

15과

1. (1) 友だちに 誘われる。   (2) 母に 死なれる。

     (3) 先生に 叱られる。   (4) 赤ちゃんに 泣かれる。

     (5) 父に ほめられる。

2. (1) 待つ → お待ちになる(기다리시다)   (2) 休む → お休みになる(쉬시다)

     (3) 飲む → お飲みになる(드시다)   (4) 質問 → ご質問になる(질문하시다)

3. (1) 持つ → お持ちする(갖다 드리다)

     (2) 伝える → お伝えする(전해 드리다)

     (3) 案内 → ご案内する(안내해 드리다)

4. (1) 待つ → お待ちください。   (2) 書く → お書きください。

     (3) しめる → おしめください

5. (1) のどが かわいたし、おなかも すいたし、早く 家へ 帰りました。

     (2) その 映画を 見たら 必ず 感想を 話して ください。

     (3) 薬を 飲んで 寝ました。   (4) お電話 さしあげましょうか。

항공
일본어회화

단어와 한자

間(あいだ)	사이
会う(あう)	만나다
青い(あおい)	파랗다
赤い(あかい)	빨갛다
明るい(あかるい)	밝다
遊ぶ(あそぶ)	놀다
暖かい(あたたかい)	따뜻하다
頭(あたま)	머리
新しい(あたらしい)	새롭다
熱い(あつい)	뜨겁다
暑い(あつい)	덥다
浴びる(あびる)	뒤집어쓰다
危ない(あぶない)	위험하다
甘い(あまい)	달다
雨(あめ)	비
洗う(あらう)	씻다 빨다
歩く(あるく)	걷다
行く(いく)	가다

医者(いしゃ)	의사
痛い(いたい)	아프다
お弁当(おべんとう)	도시락
覚える(おぼえる)	외우다
お土産(おみやげ)	선물
重い(おもい)	무겁다
泳ぐ(およぐ)	헤엄치다
終る(おわる)	끝나다
音楽(おんがく)	음악
女の子(おんなのこ)	여자아이
会議(かいぎ)	회의
外国語(がいこくご)	외국어
会社(かいしゃ)	회사
買い物(かいもの)	쇼핑
買う(かう)	사다
返す(かえす)	돌려주다
帰る(かえる)	돌아가(오)다
顔(かお)	얼굴

香り(かおり)	향기
学生(がくせい)	학생
家族(かぞく)	가족
紙(かみ)	종이
辛い(からい)	맵다
軽い(かるい)	가볍다
韓国人(かんこくじん)	한국인
漢字(かんじ)	한자
簡単だ(かんたんだ)	간단하다
聞く(きく)	듣다
汚い(きたない)	더럽다
喫茶店(きっさてん)	커피집
昨日(きのう)	어제
牛乳(ぎゅうにゅう)	우유
教科書(きょうかしょ)	교과서
教室(きょうしつ)	교실
兄弟(きょうだい)	형제
嫌いだ(きらいだ)	싫다

着る(きる)	(옷을)입다
気をつける(きをつける)	조심하다
銀行員(ぎんこういん)	은행원
空港(くうこう)	공항
薬(くすり)	약
果物(くだもの)	과일
靴(くつ)	구두 신발
靴下(くつした)	양말
車(くるま)	차
黒い(くろい)	검다
携帯電話(けいたいでんわ)	휴대전화
結婚(けっこん)	결혼
元気だ(げんきだ)	건강하다
高校生(こうこうせい)	고등학생
声(こえ)	목소리
国際(こくさい)	국제
午後(ごご)	오후
五時(ごじ)	5시

午前(ごぜん)	오전
ごちそうさまでした	잘 먹어습니다
子供(こども)	어린아이
ご飯(ごはん)	밥
混む(こむ)	붐비다
今月(こんげつ)	이번달
財布(さいふ)	지갑
咲く(さく)	(꽃이)피다
雑誌(ざっし)	잡지
寒い(さむい)	춥다
散歩(さんぽ)	산책
塩(しお)	소금
仕事(しごと)	일 직업
辞書(じしょ)	사전
静かだ(しずかだ)	조용하다
質問(しつもん)	질문
自転車(じてんしゃ)	자건거
自動車(じどうしゃ)	자동차

死ぬ(しぬ)	죽다
写真(しゃしん)	사진
住所(じゅうしょ)	주소
授業(じゅぎょう)	수업
出身(しゅっしん)	출신
出席(しゅっせき)	출석
出発(しゅっぱつ)	출발
紹介(しょうかい)	소개
上手だ(じょうずだ)	잘하다 능숙하다
招待(しょうたい)	초대
食事(しょくじ)	식사
食堂(しょくどう)	식당
調べる(しらべる)	조사하다
知る(しる)	알다
白い(しろい)	하얗다
新宿(しんじゅく)	신주쿠(지명)
親切だ(しんせつだ)	친절하다
心配(しんぱい)	걱정

新聞(しんぶん)	신문
吸う(すう)	(담배를)피우다
好きだ(すきだ)	좋아하다
すぐ	곧 바로
少ない(すくない)	적다
少し(すこし)	조금
涼しい(すずしい)	서늘하다
すてきだ	멋있다
住む(すむ)	거주하다
座る(すわる)	앉다
生徒(せいと)	(중고등)학생
世界(せかい)	세계
背が高い(せがたかい)	키가 크다
席(せき)	자리 좌석
狭い(せまい)	좁다
洗濯(せんたく)	세탁 빨래
掃除(そうじ)	청소
卒業(そつぎょう)	졸업

外(そと)	밖
祖父(そふ)	할아버지
大学生(だいがくせい)	대학생
大丈夫だ(だいじょうぶだ)	괜찮다
台所(だいどころ)	부엌
大変だ(たいへんだ)	큰일이다 힘들다
高い(たかい)	높다 비싸다 크다
建物(たてもの)	건물
楽しい(たのしい)	즐겁다
食べ物(たべもの)	먹을 것
たまに	가끔
誰(だれ)	누구
誕生日(たんじょうび)	생일
小さい(ちいさい)	작다
近い(ちかい)	가깝다
地下鉄(ちかてつ)	지하철
中国語(ちゅうごくご)	중국어
使う(つかう)	사용하다

机(つくえ)	책상
作る(つくる)	만들다
勤める(つとめる)	근무하다
つまらない	재미없다
冷たい(つめたい)	차갑다
強い(つよい)	강하다 세다
手(て)	손
出かける(でかける)	외출하다
手伝う(てつだう)	돕다
出る(でる)	나가(오)다
天気(てんき)	날씨
電車(でんしゃ)	전철
到着(とうちゃく)	도착
動物(どうぶつ)	동물
遠い(とおい)	멀다
独身(どくしん)	독신
時計(とけい)	시계
図書館(としょかん)	도서관

泊まる(とまる)	머무르다
友だち(ともだち)	친구
取る(とる)	집다 취하다
長い(ながい)	길다
名前(なまえ)	이름
習う(ならう)	배우다
にぎやかだ	번화하다
肉(にく)	고기
日本人(にほんじん)	일본사람
荷物(にもつ)	짐
庭(にわ)	정원
脱ぐ(ぬぐ)	(옷을)벗다
寝る(ねる)	자다
飲み物(のみもの)	음료수
乗る(のる)	타다
歯(は)	이 치아
入る(はいる)	들어가(오)다
はく	(신발 등을)신다

箱(はこ)	상자
箸(はし)	젓가락
はじめまして	처음뵙겠습니다
始める(はじめる)	시작하다
走る(はしる)	달리다
二十歳(はたち)	스무 살
働く(はたらく)	일하다
２０日(はつか)	20일
花(はな)	꽃
話(はなし)	이야기
花屋(はなや)	꽃가게
母(はは)	어머니
早い(はやい)	빠르다 이르다
春(はる)	봄
晩ご飯(ばんごはん)	저녁 밥
低い(ひくい)	낮다
飛行機(ひこうき)	비행기
美術館(びじゅつかん)	미술관

左(ひだり)	왼쪽
引っ越す(ひっこす)	이사하다
人(ひと)	사람
一人(ひとり)	한 사람
暇だ(ひまだ)	한가하다
病院(びょういん)	병원
昼ご飯(ひるごはん)	점심 밥
広い(ひろい)	넓다
服(ふく)	옷
複雑だ(ふくざつだ)	복잡하다
富士山(ふじさん)	후지산
二人(ふたり)	두 사람
二日(ふつか)	이틀
太い(ふとい)	굵다
ぶどう	포도
不便だ(ふべんだ)	불편하다
降る(ふる)	내리다
古い(ふるい)	오래되다

平日(へいじつ)	평일
下手だ(へただ)	못하다 서투르다
部屋(へや)	방
勉強(べんきょう)	공부
便利だ(べんりだ)	편리하다
帽子(ぼうし)	모자
ほしい	원하다 갖고 싶다
細い(ほそい)	가늘다
本(ほん)	책
本当(ほんとう)	정말 진짜
本屋(ほんや)	책가게
毎朝(まいあさ)	매일 아침
毎年(まいとし)	매해
前(まえ)	앞 전
まじめだ	착실하다
まずい	맛없다
待つ(まつ)	기다리다
窓(まど)	창문

丸い(まるい)	둥글다
漫画(まんが)	만화
磨く(みがく)	(이를)닦다
右(みぎ)	오른쪽
短い(みじかい)	짧다
水(みず)	물
店(みせ)	가게
道(みち)	길
見る(みる)	보다
難しい(むずかしい)	어렵다
眼鏡(めがね)	안경
持つ(もつ)	가지다
野球(やきゅう)	야구
野菜(やさい)	야채
優しい(やさしい)	상냥하다
安い(やすい)	싸다
休む(やすむ)	쉬다
山(やま)	산

郵便局(ゆうびんきょく)	우체국
有名だ(ゆうめいだ)	유명하다
指輪(ゆびわ)	반지
用事(ようじ)	볼일 용무
横(よこ)	옆
予習(よしゅう)	예습
予定(よてい)	예정
呼ぶ(よぶ)	부르다
読む(よむ)	읽다
弱い(よわい)	약하다
来週(らいしゅう)	다음주
留学生(りゅうがくせい)	유학생
量(りょう)	양
料理(りょうり)	요리
旅行(りょこう)	여행
りんご	사과
冷蔵庫(れいぞうこ)	냉장고
練習(れんしゅう)	연습

廊下(ろうか)	복도
六本(ろっぽん)	여섯병
若い(わかい)	젊다
わかりました	알겠습니다
忘れる(わすれる)	잊다 잊어버리다
和風(わふう)	일본식

アクセサリー	액사서리
アメリカ	아메리카
アルバイト	아르바이트
イヤリング	이어링
インターネット	인터넷
エレベーター	엘리베이터
カメラ	카메라
カラオケ	가라오케
カレンダー	캘린더
キムチ	김치
クラス	클래스
ケーキ	케이크
ゲーム	게임
コーヒー	커피
コップ	컵
コンビニ	편의점
コンピューター	컴퓨터
サッカー	축구

シャツ	셔츠
シャワー	샤워
ジュース	주스
ジョギング	조깅
スーパー	슈퍼
スカート	스커트
スポーツ	스포츠
ズボン	바지
セーター	스웨터
センター	센터
ソウル	서울
タオル	타월
タクシー	택시
デート	데이트
テーブル	테이블
テスト	테스트
デパート	백화점
テレビ	TV

トイレ	화장실
ドラマ	드라마
ネクタイ	넥타이
ネックレス	목걸이
ノート	노트
パーティー	파티
バス	버스
パソコン	PC
パン	빵
ハンカチ	손수건
ハンサム	핸섬
ピアノ	피아노
プール	풀(수영장)
フランス	프랑스
ベルト	벨트
ベンチ	벤치
ボールペン	볼펜
ポケット	포켓

ボタン	버튼
ホテル	호텔
メール	메일
レストラン	레스토랑
レポート	리포트
ワイン	와인

저자 소개

전수미_

- 동경외국어대학교 일본어학과
- 한국외대 대학원 일어일문학과 석사학위 취득
- 한국외대 대학원 일어일문학과 박사과정 수료

- (주)퍼스트항공 객실사무장
- (주)대한항공 오사카공항지점 운송직
- (주)대한항공 객실승무원
- NHK서울지국 통역·번역·리포터

항공일본어회화

초판 1쇄 발행   2021년 2월 25일
2판 1쇄 발행   2022년 8월 25일

저   자   전 수 미
펴 낸 이   임 순 재
펴 낸 곳   (주)한올출판사
등   록   제11-403호
주   소   서울시 마포구 모래내로 83(성산동 한올빌딩 3층)
전   화   (02) 376-4298(대표)
팩   스   (02) 302-8073
홈페이지   www.hanol.co.kr
e-메일   hanol@hanol.co.kr
ISBN   979-11-6647-256-5

• 이 책의 내용은 저작권법의 보호를 받고 있습니다.
• 잘못 만들어진 책은 본사나 구입하신 서점에서 바꾸어 드립니다.
• 저자와의 협의 하에 인지가 생략되었습니다.
• 책 값은 뒤 표지에 있습니다.

항공
일본어회화